生涯学習概論

―生涯学習社会の展望―

新版

浅井経子 編著

理 想 社

はじめに

　生涯学習の必要性が言われるようになって以来、その構造に関する研究や支援システムに関する研究開発、構築が進められてきた。2006（平成18）年には教育基本法が改正され、「生涯学習の理念」として生涯学習社会の実現を目指すことが謳われるに至っている。しかし、時代の変化は加速化しており、新たに、人工知能（AI）、ロボットを導入した超スマート社会に対応した生涯学習支援システムやネットワーク、さらにはビッグデータを活用した政策立案等についても検討しなければならない状況になっている。

　本書は社会教育主事、司書、学芸員の養成課程で活用していただくための概論書なので、生涯学習や生涯学習支援についての基本的な考え方、生涯学習推進行政の施策の動向、社会教育関係の事業や施設、指導者、ネットワーク等についての基礎的知識を取り上げている。したがって上述したような研究等の動向や課題を直接扱うものではないが、新たな研究や開発の基盤となる内容を提供している。

　『生涯学習概論』を上梓してかなりの年月が経つ。その間、幾度かの改訂を行ってきたが、今回、社会教育主事養成科目が改正されたことを受けて大幅な改訂を行い、行財政制度の仕組や関連法令、昨今の生涯学習政策の新しい動きなどを加えた。

　従前の『生涯学習概論』は社会教育主事、司書、学芸員を目指す人のみならず、既にそれらに従事している人、公民館主事、社会教育指導員、生涯学習コーディネーター等の人々にも活用していただいてきた。今回改訂した本書もこれまで同様に幅広くご利用いただき、それらの人々の活動を支え、さらに発展させる一助となれば幸いである。

　理想社の代表取締役 宮本純男氏には、最初の『生涯学習概論』から20年近

くお世話になっている。いつも私どもの要望に快く応えてくださるだけでなく、優れた編集手腕を発揮して生涯学習関連書を出版してくださっている。最後になってしまったが、心から感謝申し上げたい。

2019（令和元）年5月

編　者

目　　次

はじめに……………………………………………………………………………3

第1章　生涯学習の意義……………………………………………13

第1節　生涯学習の理解………………………………………………13
1．生涯学習の定義………………………………………………13
2．多様な生涯学習………………………………………………14
3．生涯学習が必要とされる背景………………………………17

第2節　生涯教育から生涯学習へ……………………………………21
1．ラングランの生涯教育論……………………………………21
2．我が国における生涯教育と生涯学習………………………22

第3節　生涯学習の理念………………………………………………24

第4節　生活と生涯学習………………………………………………24

第2章　生涯学習と社会教育、家庭教育、学校教育…………27

第1節　生涯学習と社会教育…………………………………………27
1．社会教育の定義………………………………………………27
2．社会教育と学習………………………………………………29

第2節　生涯学習と家庭教育…………………………………………29
1．家庭教育の意義………………………………………………29
2．家庭教育が行われる時期……………………………………31
3．生涯学習と家庭教育の関係…………………………………32

第3節　生涯学習と学校教育…………………………………………32
1．生涯学習と学校教育の関係…………………………………32
2．学習指導要領の改訂から見えるもの………………………33
3．学生に求められる資質・能力と「主体的な学び」………38

4．リカレント教育と大学……………………………………………………40

第3章　生涯学習推進に関わる法令、行政、施策……………………45

第1節　生涯学習・社会教育関係法令……………………………………45
　　1．法令とは……………………………………………………………45
　　2．生涯学習・社会教育に関わる基本的な法令……………………45
　　3．教育行政組織に関わる法令………………………………………48
　　4．生涯学習・社会教育行政の多様な対象・領域に関わる法令……………48

第2節　行財政制度の仕組……………………………………………50
　　1．生涯学習推進行政の仕組…………………………………………50
　　2．生涯学習に関する財政……………………………………………53

第3節　生涯学習推進行政と社会教育行政……………………………55
　　1．生涯学習推進行政…………………………………………………55
　　2．社会教育行政………………………………………………………56
　　3．生涯学習推進行政の中核を担う社会教育行政…………………57
　　4．生涯学習推進行政のモデルとしての生涯大学システム………58

第4節　生涯学習推進施策の動向……………………………………60
　　1．生涯学習推進施策の捉え方………………………………………60
　　2．生涯学習社会の実現との関わりでの生涯学習推進施策………60
　　3．生涯学習社会の教育・学習システム構築のための施策………62
　　4．地域の教育力向上を目指す生涯学習推進施策…………………63
　　5．学習成果を社会で生かすための生涯学習推進施策……………63
　　6．社会の要請に応える生涯学習推進施策…………………………65
　　7．共生社会の実現に関わる生涯学習推進施策の課題……………66

第4章　社会教育の意義と特質…………………………………………71

第1節　社会教育の意義………………………………………………71
第2節　生涯各期の社会教育…………………………………………74

１．青少年教育……………………………………………………………75
　　２．成人教育………………………………………………………………77
　　３．高齢者教育……………………………………………………………79

第5章　社会教育の内容、方法・形態……………………………………81

第1節　社会教育の内容………………………………………………81
　　１．社会教育活動の内容領域と学習ニーズ……………………………81
　　２．「現代的課題」に関する学習機会の提供……………………………83
　　３．まちづくりに関する学習機会の提供………………………………84
　　４．ボランティア活動に関する学習機会の提供………………………85
　　５．ＩＣＴ関係の社会教育………………………………………………86

第2節　社会教育の方法・形態………………………………………87
　　１．社会教育の方法・形態………………………………………………87
　　２．学習の実態……………………………………………………………91
　　３．ＩＣＴの進展に伴うこれからの方法・形態………………………93

第3節　社会教育関係団体（ＮＰＯを含む）………………………94
　　１．社会教育関係団体の定義……………………………………………94
　　２．社会教育関係団体と国・地方公共団体との関係…………………95
　　３．社会教育関係団体の分類と活動……………………………………97
　　４．ＮＰＯによる社会教育の推進………………………………………98

第6章　社会教育関係の指導者……………………………………………103

第1節　社会教育主事…………………………………………………103
　　１．社会教育主事に関する規定…………………………………………103
　　２．社会教育主事の職務…………………………………………………103
　　３．社会教育主事に求められる資質・能力……………………………105
　　４．社会教育主事の配置と養成…………………………………………105

第2節　図書館司書……………………………………………………107

1. 司書・司書補とは……………………………………………………107
　　2. 司書・司書補の養成………………………………………………107
　　3. 司書・司書補の配置と現状………………………………………109
　第3節　博物館学芸員………………………………………………………109
　　1. 博物館関係法における学芸員の規定……………………………109
　　2. 学芸員の職務………………………………………………………110
　　3. 学芸員の資格取得の方法…………………………………………111
　　4. 学芸員の養成・研修の現状………………………………………111
　第4節　社会教育委員………………………………………………………113
　　1. 社会教育委員の制度………………………………………………113
　　2. 社会教育委員の職務………………………………………………113
　　3. 社会教育委員の活動状況…………………………………………116
　　4　社会教育委員に求められること ………………………………116
　第5節　公民館主事…………………………………………………………117
　　1. 公民館主事の規定…………………………………………………117
　　2. 公民館主事の職務…………………………………………………118
　　3. 公民館主事に求められる資質・能力……………………………119
　第6節　青少年教育施設の指導系職員……………………………………121
　　1. 青少年教育施設と指導系職員の概要……………………………121
　　2. 指導系職員の職務…………………………………………………121
　　3. 指導系職員に求められる資質・能力……………………………123
　第7節　ボランティア・リーダー…………………………………………125
　　1. 社会教育におけるボランティア活動……………………………125
　　2. ボランティア・リーダーの種類…………………………………125
　　3. ボランティア・リーダーの特徴…………………………………127

第7章　生涯学習・社会教育関係の施設……………………………………131
　第1節　生涯学習センター…………………………………………………131

1．都道府県・市町村の生涯学習センター………………………………131
　　　2．大学・短大等の生涯学習センター………………………………134

　第2節　公民館…………………………………………………………………134
　　　1．公民館とは……………………………………………………………134
　　　2．公民館の設置・運営…………………………………………………135
　　　3．公民館の現状…………………………………………………………136
　　　4．今日的な役割——地域づくりの拠点としての公民館……………137

　第3節　図書館…………………………………………………………………138
　　　1．図書館とは……………………………………………………………138
　　　2．図書館のサービス……………………………………………………138
　　　3．図書館の現状…………………………………………………………140
　　　4．図書館の管理と運営…………………………………………………140

　第4節　博物館…………………………………………………………………140
　　　1．博物館とは……………………………………………………………140
　　　2．博物館の現状…………………………………………………………142
　　　3．博物館の生涯学習施設としての役割………………………………143

　第5節　青少年教育施設………………………………………………………144
　　　1．青少年教育施設の捉え方……………………………………………144
　　　2．青年の家………………………………………………………………145
　　　3．少年自然の家…………………………………………………………145
　　　4．実施事業………………………………………………………………146
　　　5．青少年教育施設の今日的課題………………………………………147

　第6節　女性教育施設…………………………………………………………147
　　　1．男女共同参画社会の形成……………………………………………147
　　　2．女性教育施設…………………………………………………………148
　　　3．独立行政法人国立女性教育会館（NWEC）………………………149
　　　4．女性の活躍と課題……………………………………………………150

　第7節　スポーツ施設…………………………………………………………151

1．スポーツ施設の捉え方……………………………………………151
2．スポーツ施設の現状………………………………………………152

第8章　学習成果の活用支援……………………………………………157

第1節　学習成果の活用とその支援………………………………157
1．学習成果の活用の定義と例………………………………………157
2．学習成果の活用の意義……………………………………………158
3．学習成果の活用支援についての法的根拠………………………159
4．学習成果の活用の類型……………………………………………160
5．学習成果の活用支援の観点例……………………………………165

第2節　生涯学習と評価……………………………………………167
1．生涯学習に関わる評価の種類と意義……………………………167
2．評価の定義と種類…………………………………………………167
3．学習に関わる評価…………………………………………………170

第9章　学習情報提供と学習相談………………………………………175

第1節　学習情報提供………………………………………………175
1．生涯学習領域における「学習情報」……………………………175
2．学習プロセスと学習情報の提供…………………………………176
3．学習情報提供の意義・内容………………………………………177
4．学習情報提供の方法………………………………………………178
5．学習情報提供の留意点……………………………………………179
6．これからの学習情報提供…………………………………………181

第2節　学習相談……………………………………………………183
1．学習相談の定義と目的……………………………………………183
2．学習相談の機能……………………………………………………183
3．学習相談の主な内容と方法………………………………………185
4．学習相談員に求められる資質・能力……………………………186

目 次　11

　　5．学習相談員が留意すべきこと……………………………………188
　　6．eラーニングと学習相談……………………………………………189

第10章　生涯学習支援ネットワークと地域課題……………………193
第1節　生涯学習支援ネットワーク………………………………193
　　1．生涯学習支援ネットワーク形成・発展過程………………………193
　　2．ネットワーク診断…………………………………………………197
第2節　地域課題に取り組む社会教育行政・関係施設と地域、
　　　　　ＮＰＯ等との連携………………………………………198
　　1．社会教育行政・関係施設における地域課題への取組の現状…………199
　　2．行政・施設と地域、NPO、企業との連携………………………201
　　3．地域課題に対する社会教育行政・関係施設の役割………………201
　　4．コーディネートできる人材の育成………………………………202
　　5．地域課題のステークホルダー(stake holder)としての子ども・若者との連携…203
第3節　子育て支援のためのネットワーク…………………………205
　　1．子育て支援と生涯学習支援………………………………………205
　　2．子育て支援の実際…………………………………………………206
　　3．今後の子育て支援の考え方と課題………………………………209
第4節　学社連携・融合・学校支援から地域学校協働へ…………210
　　1．学社連携と学社融合………………………………………………210
　　2．地域による学校支援………………………………………………212
　　3．学校支援から地域学校協働へ……………………………………215
　　4．地域学校協働活動の実際と課題…………………………………216

資料　生涯学習関連の法律……………………………………………219
　　教育基本法……………………………………………………………219
　　社会教育法……………………………………………………………224
　　人権教育及び人権啓発の推進に関する法律………………………239
索引……………………………………………………………………241

第1章　生涯学習の意義

（第1節）生涯学習の理解

1．生涯学習の定義

　生涯学習とは、一言で言えば、生涯にわたる学習と言うことができる。生涯にわたると言うと、「生涯にわたって継続的に」という意味で受け止められがちである。しかし、人間は仕事をしなければならないし、余暇を楽しんだりすることもあるので、生涯にわたって切れ目なく学習することは不可能である。したがって、それは生涯の各期に必要に応じてと考えた方がよいであろう。

　また、その場合の学習とは、主として意図的に行われる活動の中で生じる意識、考え方や行動の仕方の変化、あるいはその過程である。[1]「意識、考え方の変化」には、新たな知識を獲得すること、考えが変わること、さらには考える道筋が変わることなども含まれる。「行動の仕方の変化」には、人間が生活の中で行っている様々な行動の仕方の変化がある。例えば、テニスのグランドストロークの練習を毎日することにより、きれいなフォームでボールを打つことができるようになったとしたら、それは行動の仕方が変化したことになる。

　また主として「意図的」と断ったのは、無意図的、偶発的な意識、考え方の変化は基本的には含まないということである。生活の中で人間は様々な活動をしており、その活動を通して偶発的に考え方や行動の仕方が変化することはよくあることである。しかし、そのような変化まで生涯学習に含めると生活そのものが生涯学習になってしまうからである。また、後述するように、特に教育行政にあっては生涯学習は「各人が自発的意思に基づいて行うことを基本とする」と言われているからである。

　なお、そのような意図的な学習活動を生涯学習活動と言ったりする。

[参考]

〈多様な観点から捉えられている生涯学習〉

ここでは生涯学習を、生涯各期に必要に応じて行われる個々の学習活動として、実体（事象として観測できるもの）として捉えているが、この他にも様々な生涯学習の捉え方がある。その中でも多く見られるのは、次の三つの捉え方である。[(2)]

① 生涯学習社会を目指す際の考え方や理念として捉える場合

② 人々が生涯にわたって行う学習活動全体として捉える場合

③ 個々の学習活動や地域や社会の中で行われている学習活動全体として捉える場合

2．多様な生涯学習

生涯学習の領域は多岐にわたっている（**図1-1**を参照）。子どもは家庭でのしつけを通して様々なことを学び、また学校では教師から教育を受けて学習しているが、それらの学習も生涯学習の一部である。成人期や高齢期には生活課題に関わって多種多様な学習が行われている。就職、転職、再就職を目指して職業的な知識・技術を身に付ける学習、家庭教育に関わる学習、家族の健康の維持・改善を図って健康や栄養の知識を身に付ける学習、充実した生活を望んで生きがい追求のために行う学習など、様々である。

このような多種多様の生涯学習について、中央教育審議会答申『生涯学習の基盤整備について』（1990（平成2）年）は次のように述べている。

今後生涯学習を推進するに当たり特に次の点に留意する必要があろう。

① 生涯学習は、生活の向上、職業上の能力の向上や、自己の充実を目指し、各人が自発的意思に基づいて行うことを基本とするものであること。

第1章　生涯学習の意義　15

学校で行われる学習 （学校教育の中で行われる子ども の学習を含む）	**家庭で行われる学習** （家庭教育の中で行われる子ども の学習を含む）
社会で行われる学習 （社会教育の中で行われる学習を 含む） ・教育委員会、首長部局、社会教 　育施設等が行う学級講座、講演 　会等で行われる学習 ・学習グループ・サークル・団体 　活動の中で行われる学習 ・民間教育機関が行う講座、通信 　教育で行われる学習 ・企業、職業訓練施設等の教育訓 　練の中で行われる学習	**場所を問わず個人が行う学習** ・書籍、インターネット、テレビ 　等を活用して行われる学習 ・図書館、博物館等の施設利用の 　学習 **諸活動の中で行われる学習** スポーツ活動、文化活動、趣味、 レクリエーション活動、ボランテ ィア活動等の中で行われる学習

図1-1　生涯学習の例

②　生涯学習は必要に応じ、可能な限り自己に適した手段及び方法を自ら
　選びながら生涯を通じて行うものであること。
③　生涯学習は、学校や社会の中で意図的、組織的な学習活動として行わ
　れるだけでなく、人々のスポーツ活動、文化活動、趣味、レクリエーシ
　ョン活動、ボランティア活動等の中でも行われるものであること。

16

　①と②は、生涯学習は自発的、主体的に行われるものという原則を述べたものである。ただし、家庭教育や学校教育の中で行われる学習など、必ずしも自発的意思に基づかない場合や学習方法を自分で選ばない場合もあるので、①では「基本とするものであること」と述べているし、②でも「可能な限り」と断っている。

　③については、生涯学習の範囲について述べたもので、生涯学習が多岐にわたっていることを示している。学校の中で行われる学習、社会教育や職業訓練などの中で行われる学習、各種研修等の中で行われる学習はもちろんのこと、楽しみごととして行われるスポーツ活動、文化活動、趣味、レクリエーション活動、ボランティア活動等の中で行われる学習をも含む幅広い活動が生涯学習であると言っているのである。

　この場合、スポーツ活動、文化活動、趣味、レクリエーション活動、ボランティア活動などは必ずしも学習を目的として行われるとは限らない。例えば、ボランティア活動を取り上げてみると、本来それは社会や他者のために行うもので、自己の学習を目的とするものではない。しかし、ボランティア活動を行うためには知識・技術を身に付けなければならないこともあるし、ボランティア活動を通して結果として学習することもある。したがって、③では「……の中でも行われるもの」と言っているのである。

───[参考]───

〈生涯学習の範囲とファジィ概念〉

　上記の中央教育審議会答申で示された③の生涯学習の範囲は、ファジィ概念で捉えたものと言われている。ファジィ（fuzzy）とは‘あいまいな’という意味で、ファジィ概念でものごとを捉えた場合にはその概念に含まれるかどうかがあいまいな領域のものをも取り込むことになる。ファジィ概念に対してクリスプ概念がある。クリスプ（crisp）という意味は‘パリ

パリとした' という意味で、クリスプ概念でものごとを捉えた場合にはそれに属すか、属さないかの二分法で区分けし、属するもののみを取り込むことになる。

例えば、生涯学習と言ったとき、学校教育や社会教育や各種教育事業のもとで行われる学習は生涯学習であるが、それ以外は生涯学習ではない、というように規定した概念はクリスプ概念である。しかし、生涯学習をはじめ多くのものごとは二分法で分けられるものではなく、あいまいな中間領域があるものである。スポーツ活動、文化活動、趣味、レクリエーション活動、ボランティア活動などの場合、学習を目的とした活動とは言えないが、それらの活動の中でも学習が行われているため、上記の中央教育審議会答申の③では、生涯学習らしさもあるとしているのである。

3．生涯学習が必要とされる背景

現在、生涯学習の必要性は様々なところで指摘されている。ここでは、個人の側からと社会の側から生涯学習の必要性を見てみることにしよう。

〈個人の側から見た場合〉

①　科学技術の発達により社会の変化が加速化しており、その変化に対応して生きていくためには、常に学習することが求められている。次々に新しい知識・技術が生まれ、知識・技術の陳腐化する速度が速まっている。領域によっては、一つの知識・技術が使える期間は4，5年とも言われている。学校で最新の知識・技術を学んでも、学校卒業後数年でその知識・技術は役立たなくなることもあるのである。

ただし、思考法や学び方はそう簡単には変わらない。変化の激しい社会にあっては、むしろ思考法や学び方を身に付けておくことが重要であろう。

②　生涯学習を通して、自己実現を図り、生きがいを追求する人々が増えている。物質的に満たされるようになった今日、精神的豊かさを求めて学習する傾向が見られる。

　近年は、学習成果を地域社会等で生かすことにより、自己実現を図ろうとする人が増えている。生きがいは、楽しみや教養の獲得に終始する自己完結型、自己満足型の学習活動では得られにくく、学習成果を社会や他者のために生かし、社会の中に位置づいている自己を自覚できたときに得られることが多いからであろう。

③　人生100年時代を迎え、人生のおよそ３分の１を占める定年退職後の生活のために学習する傾向が見られる。その場合、新しい職業に就くための学習と生活を充実させ生きがいを得るための学習がある。

〈社会の側から見た場合〉

④　現代にあっては、グローバリゼーションに伴う競争から逃れることはできず、その競争に勝つためには常に新たな価値を生み出していくことが求められている。西洋社会に追いつき追い越すことを目標とした時代の学習は、主として西洋社会が生み出した知識・技術の習得であった。しかし、今日、新たな社会や文化や価値を創造することが求められ、しかもＡＩなど第４次産業革命の時代を迎えており、学習を通して多様な情報や知恵を収集・組み合せるなどして創造力を高めることが必要とされている。

⑤　一方で、競争社会にあっては、所得格差の拡大、失業者の増大、環境破壊、国や地域の固有の文化の破壊、道徳や法等の軽視と社会秩序の喪失等の問題が生じている。それらの問題を解決するためには、地域社会あるいは志を同じくする人々によるコミュニティづくりが求められ、弱い立場にある人をも包括する人間同士の信頼や紐帯を回復し、地域文化の継承と創造、さらには多様な文化の受容に取り組むことが必要とされている。そのようなところにも、生

涯学習や学習成果の活用の果たす役割が期待されている。

⑥　2018（平成30）年版の『高齢社会白書』によれば、2065年には我が国の高齢化率は38.4％に達すると指摘されており、また少子化が招く人口減少は我が国の最大の課題となっている。少子高齢化と人口の減少は労働力不足、財政難による行政サービスの縮小を引き起こすと予想され、社会の活力の維持と発展をどう実現していくかが課題となっている。その課題に対応するために、人々が日ごろの学習成果を生かして社会に参画していくことが求められている。

⑦　科学技術の発展は便利で快適な生活をもたらしたが、一方で人類が未だ経験したことのない様々な危機的問題をも引き起こしている。例えば、温暖化等の環境問題、原子力の問題、遺伝子操作の問題などがあげられる。今日では、科学技術がどのような問題を引き起こすのかを人々は予測することさえ難しくなってきている。人類が存続するためには、常に学習し、そのような問題に対処する問題解決能力を高め、将来にわたって持続可能な社会を築いていく必要がある。

ローマ・クラブは1979年に第6レポート『限界なき学習』を出し、世界に向けて危機的な状況を示して警鐘を鳴らしたが、その内容には現在にも通じるものが多々見られる。

───[参考]───

〈ローマ・クラブ『限界なき学習』〉

ローマ・クラブ（The Club of Rome）は各国の科学者、経済学者、経済人などがつくる国際的な民間グループで、1968年にローマで結成された。人口問題、環境問題などの地球規模で進行する問題に取り組み、『転機に立つ人間社会』、『成長の限界』などのレポートを出してきた。1979年には第6レポートとして、『限界なき学習』（No Limits to Learning：Bridging the Human Gap）が公にされた。ここでは、その要旨を簡単に紹介しよう。

科学技術の進歩は、人間の生活を便利で快適なものにしたが、他方でエネルギーの問題、人口問題、食糧問題、自然破壊や環境問題、核兵器の問題、南北問題などの諸問題を引き起こしている。今や人類は一層の進歩か、人類の破滅か、という相異なる方向に対しての選択に迫られている。

第三の道として、ヒューマン・ギャップ（human gap）を埋めるための学習があろう。ヒューマン・ギャップとは、人為的な諸活動がもたらした社会の複雑性や深刻化した危険性とそれに対処する人間の能力の間にある開きのことである。国際的な諸問題が持っている危険性を的確に評価し、それに対処する能力、将来の問題を予知し、危険を避け、その問題に対して責任を負うと共に、現在生じている問題を知り、適切な処置をとる能力と意欲が、科学技術等の進歩よりもはるかに遅れをとってしまっている。このため、ヒューマン・ギャップが生じている。したがって、ヒューマン・ギャップを埋める必要があり、そのためには学習し続ける必要がある。

その場合に必要な学習は、「先見」と「参加」を特徴とする革新型の学習である。「先見」型の学習とは、変化への適応能力を養う学習ではなく、将来の問題を見通し、その問題に対処する能力を養う学習で、具体的には予測、シミュレーション、シナリオ、モデルなどの手法を使えるようにする訓練や、現在の決断が将来に与える影響や作用を評価したり、ある地域での行動が全世界に与える影響を分析したりする学習である。また、「参加」型の学習とは、ロールプレイングを使って意思決定の一翼を担ったり、実際に地域活動等に参加して社会的活動を行ったりする意欲や能力を身に付ける学習である。

第2節　生涯教育から生涯学習へ

1．ラングランの生涯教育論

　生涯にわたり教育を受けることの必要性は古くから言われてきたが、生涯教育の必要性を世界に広めたのは、ユネスコ（UNESCO）の成人教育推進国際委員会（International Committee for the Advancement of Adult Education）の1965年の提案であった。この委員会ではポール・ラングラン（Paul Lengrand）が中心となって、討議資料『永続教育（éducation permanente）について』を作成した。フランス語の permanente には統合という意味が含まれていることから、英語では lifelong integrated education に訳され、我が国では生涯教育と訳されて紹介された。

　ラングランは、教育は青少年期に集中して行われる学校教育のみならず、生涯にわたって行われるものと考え、生涯という時系列に沿った垂直的な次元の教育機会と、個人の生活及び社会の全体にわたる水平的な次元の教育機会とを統合するものとして生涯教育を提唱した。例えば、ラングランは、学校を生涯教育への意欲と能力を育成する機関に変革し、学校教育と学校後教育の統合を図る必要があると考えた。このような生涯教育論は、伝統的な学校教育中心の教育観の変更を迫るものであったと言うことができる。このほか、ラングランは、一般教育と職業教育の統合、労働日の調整や文化休暇の制度化、学校や大学の成人への開放、また発展途上国については学校外で行う識字教育を提唱している。

　ユネスコの生涯教育の考え方は、我が国のみならず様々な国々に影響を与えた。その後、学習者の主体性、自発性を尊重して、ユネスコをはじめ多くの国は生涯教育という言葉よりも生涯学習という言葉を使うようになった。

[参考]

〈ユネスコの生涯教育とOECDのリカレント教育〉

　1973年にOECD（経済協力開発機構）はリカレント教育（recurrent education）を提唱した。リカレント教育とは、一言で言えば学校卒業後も繰り返し学校等の教育機関に戻って受ける教育のことで、回帰教育とも言う。

　OECDは教育を組織的で構造化されたものに限定する。その代表的なものは学校である。教育がそのようなものであるとすると、生きていくためには働かねばならない人間が、生涯にわたって継続的に教育を受けるなど不可能であるとして、OECDはユネスコの生涯教育の矛盾を指摘する。そこで、OECDは、教育期→労働→教育期→労働……のように、教育を受ける時期と労働に従事する時期とを交互に繰り返すことにより可能になるリカレント教育の考えを打ち出した。

2. 我が国における生涯教育と生涯学習

　我が国では、1980年代後半（昭和60年代）のはじめまではどちらかと言えば生涯教育という言葉がよく使われていた。1981（昭和56）年の中央教育審議会答申『生涯教育について』は生涯教育と生涯学習を次のように区別し、生涯教育のあり方についての提言を行っている。

　　　今日、変化の激しい社会にあって、人々は、自己の充実・啓発や生活の向上のため、適切かつ豊かな学習の機会を求めている。これらの学習は、各人が自発的意思に基づいて行うことを基本とするものであり、必要に応じ、自己に適した手段・方法は、これを自ら選んで、生涯を通じて行うものである。その意味では、これを生涯学習と呼ぶのがふさわしい。

この生涯学習のために、自ら学習する意欲と能力を養い、社会の様々な教育機能を相互の関連性を考慮しつつ総合的に整備・充実しようとするのが生涯教育の考え方である。つまり、生涯教育とは、国民の一人一人が充実した人生を送ることを目指して生涯にわたって行う学習を助けるために、教育制度全体がその上に打ち立てられるべき基本的な理念である。

　1984〜87（昭和59〜62）年に設置された臨時教育審議会以降は生涯学習という用語が使われている。臨時教育審議会は、生涯学習という言葉を使った理由として、1986（昭和61）年の『審議経過の概要　その3』で次のように述べている。

　　学習は読書・独学など自由な意思に基づいて意欲を持って行うことが本来の姿であり、自分に合った手段や方法によって行われるというその性格から、学習者の視点から課題を検討する立場を明確にするため、『生涯教育』という用語ではなく、『生涯学習』という用語を用いた。

　しかし、臨時教育審議会『教育改革に関する第一次答申』（1985（昭和60）年）は教育改革の基本的な考え方の一つに「生涯学習体系の移行」をあげたため、生涯教育と生涯学習の概念をめぐって混乱が生じた。生涯学習体系の移行のための検討課題として、人生の各段階に応じた学習機会の整備、高等学校、大学等の社会人受け入れ制度のあり方、各種教育機関相互の連携、資格制度などがあげられたが、これらは生涯学習と言うより生涯学習支援という意味での生涯教育の課題である。

　これについては、現在では、生涯教育に代わって生涯学習支援、生涯学習振興、生涯学習推進等の言葉が使われ、生涯学習と生涯教育の混乱はほぼ解消されている。

第3節 生涯学習の理念

2006（平成18）年に『教育基本法』が改正され、第三条に「生涯学習の理念」が謳われた。生涯学習の推進の目指すべき社会像が、生涯学習の理念として示されたのである。

理念とするこの社会像には、学習することができる社会であるとともに、学習成果を生かすことができる社会があげられている。これにより生涯学習支援の範疇には、学習支援のみならず学習成果の活用支援までが含まれることになった。（学習成果の活用とその支援については第8章を参照のこと。）

教育基本法　（生涯学習の理念）

第三条　国民一人一人が、自己の人格を磨き、豊かな人生を送ることができるよう、その生涯にわたって、あらゆる機会に、あらゆる場所において学習することができ、その成果を適切に生かすことのできる社会の実現が図られなければならない。

第4節 生活と生涯学習

家庭や学校で行われる学習活動を除けば、学習活動の多くは自発的意思に基づき、生活の中で生じた生活課題との関わりで行われている。

図1-2は学習プロセスを示したものである。人々は様々な生活課題を抱えているが、その生活課題の解決のために学習した方がよいと考えたときに、学習ニーズが生まれる。もちろん、生活課題解決の中には学習活動を必要としないものも多い。例えば、病気になり健康を取り戻すことが生活課題であれば、医者にかかったり薬を飲んだりしてその課題を解決しようとするであろう。しかし、健康の維持を図ることが生活課題であれば、スポーツや健康・保健・栄

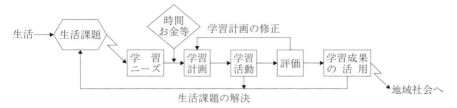

図1-2　生活課題と学習プロセス

養に関する学習をしようとするに違いない。

　ただし、学習したいと思ってもすぐできるわけではなく、学習にかける時間やお金の確保、まわりの人の理解等の条件を整える必要がある。それらが整えば、自分なりの学習計画を立てて、学習活動が始まることになる。学習しながら、目標（生活課題の解決）に近づいているのかどうかを自己評価し、必要に応じて学習計画の見直しを行う。修正した学習計画に基づきさらに学習を進め、目標に達したときにその学習活動はひとまず終了する。そして、その学習成果を生かして生活課題を解決することになる。その場合、自分の生活課題を解決するほかに、地域社会等で学習成果を生かしたいと考える人もいる。

　また、最近では毎日の生活の中で空しさを感じ、その空しさを解消するために生きがいを求めて学習する人が増えている。このような場合には学習すること自体が生活課題の解決になるので、**図1-2**では学習活動からもフィードバックの矢印がついている。

　　　　注
（1）　山本恒夫は、学習とは「生活の中での意識（考え方）や行動様式（行動の仕方）が継続的・増加的に変容する過程」と述べている（池田秀男・三浦清一郎・山本恒夫・浅井経子『成人教育の理解』実務教育出版、1987（昭和62）年、76頁）。

（2） 山本恒夫『21世紀生涯学習への招待』協同出版、2001（平成13）年、14頁。
（3） 山本恒夫・浅井経子・手打明敏・伊藤俊夫『生涯学習の設計』実務教育出版、1995（平成7）年、17～21頁。
（4） 佐伯啓思・松原隆一郎編著『共和主義ルネサンス』NTT出版、2007（平成19）年等を参照。

参考文献

- 日本生涯教育学会『生涯学習研究e事典』http://ejiten.javea.or.jp/
- 浅井経子・伊藤康志・原義彦・山本恒夫編著『生涯学習支援の道具箱』一般財団法人社会通信教育協会、2019（平成31）年
- 国立教育政策研究所社会教育実践研究センター『二訂　生涯学習概論ハンドブック』、2018（平成30）年
- 今井むつみ・野島久雄・岡田浩之『新　人が学ぶということ　認知学習論からの視点』北樹書房、2012（平成24）年
- 苅宿俊文・佐伯胖・髙木光太郎『まなびを学ぶ』東京大学出版会、2012（平成24）年
- 大桃敏行・背戸博史編著『生涯学習　多様化する自治体施策』東洋館出版社、2010（平成22）年
- 国立教育政策研究所社会教育実践研究センター『社会教育計画ハンドブック』、2009（平成21）年
- 山本恒夫・浅井経子・渋谷英章編著『生涯学習論』文憲堂、2007（平成19）年
- 山本恒夫・蛭田道春・浅井経子・山本和人編著『社会教育計画』文憲堂、2007（平成19）年
- 山本恒夫・浅井経子『生涯学習［答申］ハンドブック─目標、計画づくり、実践への活用─』文憲堂、2004（平成16）年
- 山本恒夫『21世紀生涯学習への招待』協同出版、2001（平成13）年
- 山本恒夫・浅井経子・手打明敏・伊藤俊夫『生涯学習の設計』実務教育出版、1995（平成7）年

第2章　生涯学習と社会教育、家庭教育、学校教育

(第1節) 生涯学習と社会教育

1．社会教育の定義

　社会教育とは学校教育、家庭教育以外の広く社会の中で行われる教育活動を言い、ここではその総称と捉えることにする。ただし、実際には、社会教育という用語の使われ方は様々で、その範疇は必ずしも明確にされているわけではない。例えば、教育を第一義的な目的にしているかどうかの違いで、狭義の社会教育、広義の社会教育と呼んだりしている。

　狭義の社会教育という用語は、教育を第一義的な目的としている場合に使うことが多い。言いかえれば、人間としての、市民としての成長発達や家庭・日常生活、職業生活等を向上させる上で必要な知識技術の獲得など、何らかの意味での人間形成を第一義的な目的として、組織的に行われている社会教育に限って言う。この場合の組織的とは、計画、準備などがあって実施されるという意味である。

　このような狭義の社会教育としては、教育委員会が所管したり、関与したりしているものなどがあげられる。例えば、教育委員会や公民館が主催する講座等はもとより、社会教育関係団体と呼ばれる登録・認定団体・学習グループ等が行う教育活動なども狭義の社会教育に含まれる。

　一方、広義の社会教育という場合には、上記の社会教育に加え、教育を第一義的な目的としていないものも含めている。教育を第一義的な目的としていないものとしては、首長部局が行う講座、様々な教育以外の目的を持った団体・グループ活動、企業が行う研修などがあげられる。首長部局の講座について言えば、当該部局の行政目的のもとで行われており、目的を達成するための啓

発であっても人間形成といった教育的な観点はほとんど有していないであろう。また社会には様々な団体やグループがあるが、それらの活動では教育を目的としていないものが多い。しかしそのような団体・グループでも講座や研修会等が行われている。企業内研修の場合も当該企業の維持・発展や生産性を上げることが主たる目的となっており、個人の人間形成を第一義的な目的としていない場合が多い。

　広義の社会教育の場合も、何らかの目的や目標の達成のために計画されて行われるので、やはり組織的な活動と言うことができる。

　さらに、社会教育行政を含めて社会教育と言うこともある。ただし、社会教育行政は『社会教育法』第三条に規定されているように社会教育の環境醸成に努める営みで、社会教育を行うのは国民であって行政が教育を行うことはないと考えるべきであろう。

[参考]

『社会教育法』第二条で、社会教育を次のように定義している。

　　　この法律で「社会教育」とは、学校教育法（昭和22年法律第26号）又は就学前の子どもに関する教育、保育等の総合的提供の推進に関する法律（平成18年法律第77号）に基き、学校の教育課程として行われる教育活動を除き、主として青少年及び成人に対して行われる組織的な教育活動（体育及びレクリエーションの活動を含む。）をいう。

社会教育の英訳

　社会教育は一般にはsocial educationと英訳されている。しかし、英語にはそのような言葉はなく、adult education（成人教育）が一番近い言葉と言われている。ただし、社会教育には青少年教育も含まれているので、adult educationとイコールの意味にはならない。しかも、英語には青少年教育という言葉さえなく、それに近い言葉はyouth activities（青少年活

動）とされている[(1)]。ただし、youth activities には青少年を対象とした福祉などとも含まれている。

２．社会教育と学習

　社会教育では講義等の形態をとることも多いが、一方で学習グループ活動等ではメンバーが互いに教え合ったり学び合ったりする相互教育や相互学習が行われることも多い。そのような学習グループ活動にあっては、教育行為が必ずしも学習の行為と区別できないこともあって、教育と学習の概念あるいは社会教育と生涯学習の概念が混同されることがままある。

　教育は他者の成長発達を促すために働きかける作用で、学習者に対して行われるものである。一方、学習は環境からの作用を受けたりして経験の中で意識や態度を変容させることを言う。したがって、教育は学習者の学習を助けたり支援したりする作用であるので、両者は異なるものである。

　教育と学習の関係については教師と生徒の関係を考えると容易に理解できるであろう。教育をするのは教師であるのに対して、学習するのは生徒である。そのような教育と学習の関係は社会教育にあっても同じである。

　したがって、社会教育と生涯学習の関係についても前者が学校教育、家庭教育以外の広く社会で行われる教育活動であるのに対し、生涯学習は人々が生涯各期に行う学習活動であるので、両者は異なるものである。

第２節　生涯学習と家庭教育

１．家庭教育の意義

　家庭教育とは、簡単に言えば、家庭で保護者（以下、親という）が子どもに行うしつけや教育のことである。その主な内容は、子どもの身体的・精神的成長を助け、基本的生活習慣を身に付けさせ、子どもの社会化を促すことである。

もちろん、これらは相互に関係があるため重複する部分もある。

(1) 子どもの身体的・精神的成長を助けること

　一生のうちで最も著しい身体的・精神的な成長をみるのは乳幼児期なので、親は健全な方向に成長するように支援する必要がある。例えば、幼児に対して、食事の前には手を洗うように、食べ物の好き嫌いをなくすようにしつけたり、外で遊ぶように仕向けたりすることは、身体上の健康な成長を促す上で重要なことである。

　さらに健全な精神の成長を促すために、善悪の判断、自然への畏敬の念、愛すること、他者の痛みの感受などをしつけることも親の役割である。また、言葉や言葉の意味やものごとの概念を教えたりして、子どもの知的発達を促すことも親に課せられた役割である。

(2) 基本的生活習慣を身に付けさせること

　基本的な生活習慣とは人間として生きていく上で必要かつ基本となる行動様式（以下、行動の仕方という）で、それを身に付けさせることを一般に「しつけ」と呼んでいる。基本的な生活習慣を身に付けさせることは、人間として自立させることを意味している。

　例えば、幼児期の基本的な生活習慣として、食事に関する行動の仕方、排泄に関する行動の仕方、睡眠に関する行動の仕方、着脱衣に関する行動の仕方などがあげられる。先に食事の前に手を洗うことを健康維持の面からあげたが、そのようなしつけは規律や自己管理の基礎を教えることにもなる。排泄に関するしつけをトイレットトレーニングというが、おしめをはずす訓練は人間には行ってよい場所と悪い場所があり、そのルールに従うために欲求を我慢することを教えることでもある。

第2章　生涯学習と社会教育、家庭教育、学校教育　31

(3)　子どもの社会化を促すこと

社会化とは、個人がその所属する社会や集団のメンバーになっていく過程、例えば子どもが大人になり、社会的存在になっていく過程を言い、その基礎が行われるのは家庭である。言葉を教えたり、社会のルールを教えたりするしつけは社会化を促す観点からも捉えることができる。

社会化を促すことと教育はほぼ同じことと考える場合もあるが、社会化と言った場合には既成の社会において制度化されている知識、技能、態度、価値、行動様式などを習得し、それらに適応することを意味しているため、個人よりも社会の価値観等が優先されることになる。それに対して、教育と言った場合には、既存の社会を変革していく能力や創造性の育成も含まれる。

２．家庭教育が行われる時期

人間が生まれて最初に受けるのが家庭教育である。「三つ子の魂百まで」と言われるように、特に乳幼児期での家庭教育の重要性が強調されることが多い。しかし、実際には家庭教育は子どもが独立するまで続くので、少年期さらには青年期にまでわたるものである。

小学校に入学すれば、学校がしつけを行ってくれるものと勘違いする親もいる。「正しく箸を使うことができない」と学校に抗議する親もいるといった話もある。さらに、中学生ぐらいになると第二反抗期とも言われる思春期を迎える。その時期の子どもは精神的に不安定になりがちで、しかも大人の干渉から逃れたいと思ったり、大人や社会に反抗したりするので、家庭教育は決してやさしくはない。どのような価値観を持った人間に育てるかは基本的には親の責任に任されており、少年期の教育でも家庭教育の役割は極めて重要である。

青年期になると、精神的に親から独立しようとするので、親子の接触はそれまでに比べると量的には減少するに違いない。しかし、恋愛や進路等のことで深刻に悩む青年も多く、親は日ごろの言動から子どもを見守るとともに、子ど

もの悩みに正面から向き合うことも求められる。近年は、コミュニケーション力に欠けている青年やマナーを身に付けていない青年、職業観が確立していない青年が多いと言われている。親が地域活動等への参加を促したり、家族で勤労や市民としての責任について話し合ったりすることも大事なのであろう。

３．生涯学習と家庭教育の関係

　家庭教育と生涯学習との関係について考えてみよう。

　第一に、子どもが家庭教育を通して学んでいく過程が生涯学習の一部であるということがあげられる。したがって、人間は、一般的には最初に家庭教育の中で生涯学習を行うことになる。

　第二に、親が家庭教育に関する学習をする場合がある。子育てに悩み、まわりには相談する人がいない若い親たちが増えている。そのような親は家庭教育学級を利用したり、本・雑誌を読んだり、テレビの家庭教育番組を見たりしながら家庭教育の方法について学習している。それらも生涯学習の一部である。

第3節　生涯学習と学校教育

１．生涯学習と学校教育との関係

　教育基本法を根本法として、学校教育については学校教育法が定められている。同法に拠れば、「学校とは、幼稚園、小学校、中学校、義務教育学校、高等学校、中等教育学校、特別支援学校、大学及び高等専門学校」のことである。

　一般に、幼稚園における教育を「就学前教育」、小学校における教育を「初等教育」、中学校及び高等学校では「中等教育」、大学等では「高等教育」としている。

　生涯学習と学校教育の関係を、大きく４つのポイントから捉えてみる。

　①　学校教育による幼児（幼稚園）、児童（小学校）・生徒（中・高等学校）、

学生（大学等）の学習もまた生涯学習であること

②　学校教育の中で、生涯にわたって学び続ける力（生涯学習力）が培われること

③　地域と学校の連携・協働の取組が進む中で、「子供も大人も学び合い育ち合う」、大人の生涯学習の場（主として学習成果を生かした活動として）として、学校があること

④　予測困難な社会を生き抜くため、あるいは人生100年を豊かで充実したものとするため、主として大学が学び直しやリカレント教育の場となること

　①については、既に第1章で説明されている。「生涯学習は、学校教育を終えた後に行われる『ポスト学校教育』や『社会教育』に対応する『学習』と捉えがちであるが、社会教育のみならず、学校教育や家庭教育や、あるいは自ら行う様々な学習をも含め、国民一人一人がその生涯にわたって行う学習を幅広く含む。(4)」③については、第10章第4節「学社連携・融合・学校支援から地域学校協働活動へ」で詳しく説明されるので、本節では取り上げないこととする。ただ、地域と学校との連携・協働を考察する上で、今次の学校教育改革の動向については把握しておく必要があるので、本節ではこれを中心に解説している。

2．学習指導要領の改訂から見えるもの
⑴　「生きる力」と「ゆとり教育」

　学校教育における教育内容・方法等、つまり何をどの程度、どのような方法で教え、身に付けさせるかは、教育課程の問題であり、具体的には国として学習指導要領がガイドラインとして示されている。学習指導要領は文部科学大臣が公示し、「全国どこの学校で教育を受けても一定の教育水準を確保するために、各教科等の目標や内容などを定めたもの」で「教科書や学校での指導内容のもとになるもの」であり、ナショナル・カリキュラムの役割を果たしている。幼・

小・中・高まで、学校種毎につくられている（幼稚園は「教育要領」）。学習指導要領はその間の社会の変化や学校教育を取り巻く多様な課題、教育課程の実施の評価等を踏まえ、ほぼ10年毎に改訂されている。臨時教育審議会が「生涯学習体系への移行」を提言して以降、どのように学習指導要領が改訂されていったかを辿ることにする。

　1989（平成元）年改訂の学習指導要領では、「<u>自ら学ぶ意欲と社会の変化に主体的に対応できる能力</u>の育成を図るとともに、基礎的・基本的な内容の指導を徹底し、個性を生かす教育」（下線筆者、以下同じ）が教育課程編成の方針として明記された。生涯学習の基盤を培う観点から自ら学ぶ意欲と社会の変化に主体的に対応できる能力の育成を重視し、基礎・基本の徹底、個性の重視とともに3つの柱とした。また、「知識・スキル」にとどまらず、「関心・意欲・態度」、「思考力・判断力・表現力」といったものを重視する「新しい学力観」が言われるようになった。

　自己教育力や新しい学力観にかかる研究や実践を踏まえ、1998（平成10）年改訂の学習指導要領では、2002（平成14）年度からの完全学校週5日制とともに、「<u>ゆとりの中で特色ある教育を展開し、子どもたちに豊かな人間性や自ら考える力などの『生きる力』を育成する</u>」ことが目指され、同時に各学校が創意工夫して国際理解、情報など教科横断的、問題解決型の学習を行う「<u>総合的な学習の時間</u>」が創設された。知識偏重ではなく、「学び方やものの考え方を身に付け、問題の解決や探究活動に主体的、創造的に取り組む態度」を育て

図2-1
※文部科学省資料から

ることをねらいとした。同時に、子どもたちがこれからの社会を生きるための力として、「確かな学力」、「健康・体力」、「豊かな人間性」で構成される「生きる力」の育成が謳われた。

　いわゆる「ゆとり教育」である。当時、教科の授業時数の大幅減などを受けて、「学力低下を招く」、「『ゆとり』ではなく『ゆるみ』だ」など、様々な批判を浴び、一つの社会問題となった。これを契機にあらためて「学力」とは何かが問われることとなった。

(2)　「確かな学力」とは

「ゆとり」か「詰め込み」かといった二項対立の議論ではなく、「生きる力」を育むために具体的に何が必要か、確かな学力とは何かが問い直され、教育基本法改正を受け、2007（平成19）年に改正された学校教育法に、いわゆる「学力の3要素」が規定された。

　学校教育法第三十条第2項⁽⁵⁾

　　前項の場合においては、<u>生涯にわたり学習する基盤が培われるよう</u>、基礎的な知識及び技能を習得させるとともに、これらを活用して課題を解決するために必要な思考力、判断力、表現力、その他の能力をはぐくみ、主体的に学習に取り組む態度を養うことに、特に意を用いなければならない。

　①（基礎的な）知識及び技能、②問題解決能力（思考力、判断力、表現力等）、③学習意欲や主体的な学習態度、この3つをもって「学力の3要素」とされている。この3つがバランスよく育成されることが重要であり、そのことが「生涯にわたり学習する基盤」をつくることとなる。次いで2008（平成20）年には、この学力観を受け、学習指導要領の改訂が行われた。当時、中央教育審議会副会長であった梶田が、「確かな学力」について、こう解説している。

「『確かな学力』をはぐくむためには、『関心』『意欲』『態度』だけでなく『知識』『思考力』『判断力』などが必要で、そのために、教師が主導性を持つところと、子どもに任せるところを見極め」、「教えて考えさせる」、「無駄になっても無駄になっても、子どもの考える力を育てるものを贈り続けることが大切」である。[6]

平成20年改訂の学習指導要領では、同時に知的活動（論理や思考）の基盤である言語活動の充実とともに、習得（知識を習得する）・活用（習得した知識を様々な場面で活用）・探究（自ら学び自ら考え、探究する）を踏まえた事項も盛り込まれた。

(3) 「主体的・対話的で深い学び」の実現

少子高齢化、情報化・ＡＩ革命、グローバル化など社会の枠組が大きく変化し、複雑で予測困難な時代となっている。このような状況の中で、学校教育がどのような役割を果たせばよいか、正解を見いだしにくい問題である。2017（平成29）年の学習指導要領改訂の方向性を提言した中央教育審議会答申では、これからの社会と子どもたちの未来を視野に、学校教育によって育てたい子どもたちのイメージを次のように指摘している。

変化の激しい社会の中でも、感性を豊かに働かせながら、よりよい人生と社会の在り方を考え、試行錯誤しながら問題を発見・解決し、新たな価値を創造していくとともに、新たな問題の発見・解決につなげていくことができる。[7]

このことをしっかりと子どもたちに身に付けさせるため、学習指導要領では、

第2章　生涯学習と社会教育、家庭教育、学校教育　37

特に授業改善の方向として、「主体的・対話的で深い学び（アクティブ・ラーニング）」についての取組を全教科にわたって活発化するよう、強く求めている（アクティブ・ラーニングについては、次の**3.**でもふれている。つまり、初等中等教育と大学教育とで同じ問題意識を共有しているということ）。同答申では、子供たちが「これからの時代に求められる資質・能力を身に付け、生涯にわたって能動的に学び続けることができるよう、『主体的・対話的で深い学び』の実現に向けて、授業改善に向けた取組を活性化していくことが重要」であるとし、それぞれの「学び」について以下のように解説している。

　　・主体的な学び―「学ぶことに興味や関心を持ち」「見通しを持って粘り強く
　　　　　　　　　　取り組み、自己の学習活動を振り返って次につなげる」学
　　　　　　　　　　び
　　・対話的な学び―「子供同士の協働、教職員や地域の人との対話」「等を通じ、
　　　　　　　　　　自己の考えを広げ深める」学び
　　・深い学び　　―「習得・活用・探究という学びの過程の中で、各教科等の
　　　　　　　　　　特質に応じた『見方・考え方』を働かせながら、知識を相
　　　　　　　　　　互に関連付けてより深く理解したり」「問題を見いだして
　　　　　　　　　　解決策を考えたり、思いや考えを基に創造したりすること
　　　　　　　　　　に向かう」学び[8]

　この趣旨を十分に理解しつつも、果たしてこうした授業がどこまで学校現場で実現できるか、これからの課題であるが、本改訂においてはこのための「社会に開かれた教育課程」（第10章第4節参照）の実現や「カリキュラム・マネジメント」（教育課程をどう学校全体で実現していくか）の確立が併せて明記されている。
　これまでの4回にわたる学習指導要領の改訂を振り返ってみた。ときどきに

表 2-1　学習指導要領の改訂とキーワード

1989（平成元）年改訂　学習指導要領	自ら学ぶ意欲と社会の変化に主体的に対応できる能力、自己教育力、基礎・基本の徹底、個性の重視、新しい学力観
1998（平成10）年改訂	生きる力、ゆとりのある教育、総合的な学習の時間、自ら学び自ら考える力、学校完全週5日制
2008（平成20）年改訂	確かな学力、「教える力」（教えて考えさせる）、学習意欲の向上・学習習慣の確立、習得・活用・探究型学習
2017（平成29）年改訂	主体的・対話的で深い学び（アクティブ・ラーニング）、社会に開かれた教育課程、カリキュラム・マネジメント

によって、使われる用語や考え方が異なる場合もあったが、一貫して共通しているのは「主体性」であろう。自ら学び考える力、課題に対峙し解決を図ろうとする力、生涯学習の基盤となる力、である。

3．学生に求められる資質・能力と「主体的な学び」

　小・中学校を中心に培われてきた生涯学習のための基礎的な力は、大学教育において、どのように引き継がれているだろうか。大学はいったい、総じて学生に何を教え、何を身に付けさせようとしているのだろうか。

　学生が身に付けるべき資質・能力については、2008（平成20）年中央教育審議会答申『学士課程教育の構築に向けて』で参考指針として「学士力」が提案された。学士力とは、学生がどの学部で学修しても卒業時に身に付けておくべき、共通の資質・能力のことで、「知識・理解」、「汎用的技能」（数量的スキル、情報リテラシー、問題解決力など）、「態度・志向性」、「総合的な学修経験と創造的思考力」と4領域に整理されている。実はこの「態度・志向性」の一つに「生涯学習力」（卒業後も自律・自立して学習できる）が盛り込まれている。

第2章 生涯学習と社会教育、家庭教育、学校教育　39

また経済産業省は、2006（平成18）年に提唱した「社会人基礎力」（大学等を卒業し新たに社会人となって仕事をするために必要な基礎的な力）を踏まえ、2018（平成30）年

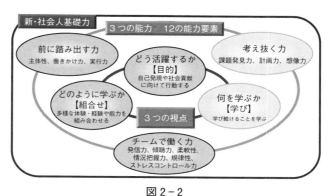

図2-2
※経済産業省資料から

に、生涯にわたって社会で活躍し続けるために求められる力として「人生100年時代の社会人基礎力（新・社会人基礎力）」を発表している。「前に踏み出す力」、「考え抜く力」、「チームで働く力」の3つの能力（12の能力要素）を社会や職場で発揮するためには、3つの視点（中でも「何を学ぶか」、「どのように学ぶか」）のバランスを図ることが必要と指摘している。

2012（平成24）年中央教育審議会答申では、学士力に今求められる重要な要素として、「チームワークやリーダーシップを発揮して社会的責任を担いうる倫理的、社会的能力」、「総合的かつ持続的な学修経験に基づく想像力と構想力」など4つをあげている。併せて、これらの資質・能力を育むため、アクティブ・ラーニング（能動的学修、「主体的・対話的で深い学び」の項参照）などによる主体的な学修を促す取組が重要で、知識の伝達中心の受動的な教育から学生の「主体的な学び」への転換を促した。

アクティブ・ラーニングとは具体的にどのようなものだろうか。ここでは代表的な「フィールドワーク」について、山形大学の取組を紹介する。山形大学では、大学が立地していない県内の地域（最上広域圏8市町村）を一つのキャンパスに見立て（「エリアキャンパスもがみ」）、ここで地域を素材に地域の人

が講師となる様々な体験プログラム（1泊2日を2回）を中心とする必修科目「フィールドワーク共生の森」を開講している。2018（平成30）年度には大学と地域が企画した計25のプログラムに学生が参加した。「マルシェ"本活プロジェクト"〜本と人をつなぐ出前図書館〜」（新庄市、講師：市立図書館長・図書館ボランティアサークル、担当：市教育委員会社会教育課）、「田舎体験で考える〜豊かな暮らしをつくる生き方働き方〜」（真室川町、講師：農事組合法人代表、担当：市教育委員会生涯学習・スポーツ担当）など、ユニークなプログラムが開講された。学生は地域の人々と交流し、ともに学び、様々な体験の中で、（地域）社会が抱える問題を発見、これを解決する（しようとする）力を身に付ける「主体的な学び」を行っている。

　こうした大学と地域の連携による学修の場の開発は、現在、多くの地方大学で実施されている。眞鍋和博（北九州市立大学地域創生学群長）は、大学と地域の連携による教育の効果の第一に「地域の担い手としての『学生』の発見」をあげている。[11]これまで大学はその立地する地域とは離れて、専門的・学術的な教育研究の場とされてきたが、地域社会の一員として、地域の人々とともに地域づくりに関わるようになってきている。

4．リカレント教育と大学

　これまで大学と地域の人々の生涯学習との関係と言えば、趣味・教養を中心とした、いわゆる大学公開講座が中心であったが、近年では、「学び直し」のため、社会人等を大学の正規課程に受け入れるための制度改革や各大学の取組が活発化している。社会人のための特別な入試・選抜や定員枠の設定（社会人入試・社会人枠）、社会人に配慮した授業や履修の仕組の弾力化（昼夜開講制・長期履修）、放送大学やインターネット大学（インターネットによる通学不要の通信教育課程）、科目等履修生制度（資格関係科目など必要な科目だけを履修）などである。しかしながら、日本の大学は依然として18歳から22歳が中心であり、

25歳以上の入学者は2.5%（2015）に過ぎないのも現状である（ＯＥＣＤ　平均は16.6％）。

　今日の社会の大きな変化、少子高齢化やsociety5.0、人生100年時代など、予測困難な社会を持続発展させ、その構成員である一人一人が豊かで充実した人生を送るため、大学での学修はこれまで以上に重要性を増してきている。

　政府の「人づくり革命　基本構想」（2018（平成30））では「何歳になっても学び直し、職場復帰や転職が可能となるリカレント教育を抜本的に拡充する」とした。「リカレント教育」とは、個人が社会に出て職業生活を送るようになった後に、最新の知識や技術の修得など必要に応じて大学等に戻って学修する再教育のことで、リカレント（recurrent）とは、反復、回帰といった意味である。もともと、1970年代のＯＥＣＤ報告書で広く提唱されたもので、1992（平成４）年の生涯学習審議会答申においても、今後取り組むべき重要課題の一つとして「社会人を対象としたリカレント教育の推進」が提言されている。これまでも取組はあったが、その今日的重要性を踏まえ、「抜本的に拡充する」ことが課題となっている。

　最近の取組として履修証明制度がある。これは学校教育法改正を受け、2007（平成19）年に創設されたもので、大学が社会人等を対象に、一定のまとまりのある専門的な学修プログラム（120時間以上）を開設し、その修了者に対して履修証明書（サーティフィケート、certificate）を付与する仕組である。また、2015（平成27）年には既設の履修証明プログラムのうち、一定の条件を満たすものを実践的・専門的プログラムとして文部科学大臣が認定する「職業実践力育成プログラム（BP：Brush up Program for professional）」認定制度が創設された。厚生労働省の教育訓練給付制度とも連携し、同省の指定を受けたプログラムであれば、その受講経費が助成される。

　地域農業の確立に取り組む農業経営者の養成を目的とする岩手大学（岩手県農林水産部・ＪＡいわてグループ連携）が開設する「いわてアグリフロンティ

アスクール」、高知県の食品産業を担う専門人材の養成を目的とする高知大学の「土佐フードビジネスクリエーター人材創出事業（土佐ＦＢＣ）」、明治大学の「女性のためのスマートキャリアプログラム」の他、文理横断や学際的な研究訓練プログラムなど、各大学がその特色を生かし地域貢献などを目的に多彩なプログラムを開設している。これまで全国で200をこえる課程がこのＢＰ（職業実践力育成プログラム）の認定を受けている。

　現在、リカレント教育の一層の推進に向け、地域における産学連携によるプログラムの開発と学修支援体制の整備、教育訓練給付金の拡充、履修証明プログラム総授業時間数の弾力化（120時間から60時間以上）と単位化など、関係の取組が進められている（2019（平成31）年4月からの新規プログラムは60時間以上となった）。

注

（1）　細谷俊夫・奥田真丈・河野重男・今野喜清編集代表『新教育学大事典』3、第一法規出版、1990（平成2）年、542頁右。
（2）　日本教育社会学会編『新教育社会学事典』東洋館出版、1986（昭和61）年、378頁左。
（3）　同上、378頁。
（4）　田中壮一郎監修、教育基本法研究会編『逐条解説　改正教育基本法』第一法規、2007（平成19）年、65頁。
（5）　前項（第三十条第1項）は、小学校における教育の目標達成について規定されている。第2項は、中学校、高等学校にかかる条文においても準用されており、小学校から高等学校まで、「生涯にわたり学習する基盤」を培うことが法律上も要請されていることになる。
（6）　梶田叡一『新しい学習指導要領の理念と課題』図書文化社、2008（平成20）年、54頁。
（7）　中央教育審議会答申『幼稚園、小学校、中学校、高等学校及び特別支援学校の学習指導要領等の改善及び必要な方策等について』【概要】2016（平成28）年。

第 2 章　生涯学習と社会教育、家庭教育、学校教育　43

（8）　同上

（9）　大学設置基準（文部科学省令）上、大学での学びは「学習」ではなく「学修」と
　　　される。大学での学びは授業時間とともに事前・事後の学生による主体的な学びを
　　　前提とした「単位制」により形成されていることによる。

（10）　中央教育審議会答申『新たな未来を築くための大学教育の質的転換に向けて』
　　　2012（平成24）年。

（11）　北九州市立大学監修、眞鍋和博『「自ら学ぶ大学」の秘密－地域課題にホンキで取
　　　り組む 4 年間－』（一財）九州大学出版会、2015（平成27）年、45頁。

参考文献

- 日本生涯教育学会『生涯学習研究 e 事典』http://ejiten.javea.or.jp/
- 浅井経子・伊藤康志・原義彦・山本恒夫編著『生涯学習支援の道具箱』一般財団社会
　通信教育協会、2019（平成31）年
- 今西幸蔵『協働型社会と地域生涯学習支援』法律文化社、2018（平成30）年
- 国立教育政策研究所社会教育実践研究センター『二訂　生涯学習概論ハンドブック』、
　2018（平成30）年
- 香川正弘・鈴木眞理・永井健夫編著『よくわかる生涯学習　改訂版』ミネルヴァ書房、
　2016（平成28）年
- 浅井経子・合田隆史・原義彦・山本恒夫編著『地域をコーディネートする社会教育―
　新社会教育計画―』理想社、2015（平成27）年
- 大森敏行・背戸博史編著『生涯学習　多様化する自治体施策』東洋館出版社、2010（平
　成22）年
- 一般財団社会通信教育協会『生涯学習コーディネーター研修』社会通信教育テキスト、
　2009（平成21）年
- 国立教育政策研究所社会教育実践研究センター『社会教育計画ハンドブック』、2009
　（平成21）年
- 井内慶次郎・山本恒夫・浅井経子『改訂 社会教育法解説』（第 3 版）全日本社会教育
　連合会、2008（平成20）年
- 山本恒夫・浅井経子・渋谷英章編著『生涯学習論』文憲堂、2007（平成19）年
- 山本恒夫・蛭田道春・浅井経子・山本和人編著『社会教育計画』文憲堂、2007（平成
　19）年
- 山本恒夫・浅井経子『生涯学習〔答申〕ハンドブック―目標、計画づくり、実践への

活用―』文憲堂、2004（平成16）年

- 山本恒夫・浅井経子・坂井知志編著『「総合的な学習の時間」のための学社連携・融合ハンドブック―問題解決・メディア活用・自己評価へのアプローチ―』文憲堂、2001（平成13）年
- 山本恒夫『21世紀生涯学習への招待』協同出版、2001（平成13）年
- 山本恒夫編著『生涯学習概論』東京書籍、1998（平成10）年
- 伊藤俊夫編著『生涯学習の支援』実務教育出版、1995（平成7）年

第3章　生涯学習推進に関わる法令、行政、施策

第1節　生涯学習・社会教育関係法令

1．法令とは

　法令とは一般に、「法律」（国会の審議により制定）と「命令」（国の行政機関が制定）の総称である。命令は内閣が制定する「政令」（「○○法施行令」）と各省の大臣が制定する「省令」（「○○法施行規則」）に分かれる。例えば、図書館法—図書館法施行令—図書館法施行規則のような体系になっており、順次具体的なことが規定されている。これに、地方自治法を根拠に地方公共団体の議会が制定する「条例」、地方公共団体の首長（知事や町村長）が制定する「規則」も含め、法令とする場合もある。また、法令ではないが法を根拠に、各省等が一定の事項について公告する「告示」（○○省告示）や上位の行政機関が関係の機関に発する「通知」、「通達」がある。例えば「公民館の設置及び運営に関する基準」（社会教育法第二十三条の二第1項が根拠）は文部科学省告示である。憲法→法律→政令→省令（ここまでが法令）→告示→通知・通達という体系となる。

2．生涯学習・社会教育に関わる基本的な法令

(1)　教育基本法

　教育基本法は、学校教育法や社会教育法など、すべての教育法規の根本法であり、1947（昭和22）年に制定された。以来、長い間改正されることはなかったが、その間の社会の変化を踏まえ、2006（平成18）年に全部改正された。教育基本法では新たに第三条に「生涯学習の理念」の規定が新設されるとともに、生涯学習・社会教育に関わる条文として、「家庭教育」（第十条）、「学校、家庭

及び地域住民等の相互の連携協力」（第十三条）が新設されるとともに、「社会教育」（第十二条）が改正されている。

（家庭教育）

第十条　父母その他の保護者は、子の教育について第一義的責任を有するものであって、生活のために必要な習慣を身に付けさせるとともに、自立心を育成し、心身の調和のとれた発達を図るよう努めるものとする。

（社会教育）

第十二条　個人の要望や社会の要請にこたえ、社会において行われる教育は、国及び地方公共団体によって奨励されなければならない。

（学校、家庭及び地域住民等の相互の連携協力）

第十三条　学校、家庭及び地域住民その他の関係者は、教育におけるそれぞれの役割と責任を自覚するとともに、相互の連携及び協力に努めるものとする。

　近年の社会の変化等により、地域や家庭の教育力の低下や地域コミュニティの衰微、学校が抱える問題の多様・複雑化を踏まえ、あらためてすべての教育の出発点である家庭教育の重要性や学校、家庭、地域の連携協力の必要性を根本法である教育基本法に新たに規定した意味は大きい。

　また、同法を根拠に、国は教育に関する施策を総合的に策定し、実施するものとされた。これが「教育振興基本計画」（一期は５年）であり、その中に生涯学習・社会教育の振興にかかる計画も盛り込まれている。

第3章　生涯学習推進に関わる法令、行政、施策　47

(2)　社会教育三法

　教育基本法のもと、学校教育法に並列するものとして、社会教育の振興（都道府県・市町村の教育委員会の事務、社会教育主事、社会教育関係団体、社会教育委員、通信教育等）及びその重要な拠点としての公民館について規定しているのが、「社会教育法」である。また、社会教育法第九条に「図書館及び博物館は、社会教育のための機関」とあり、それぞれについて「別に法律をもって定める」と規定されており、これを受けて、「図書館法」、「博物館法」が制定されている。社会教育にかかわる法規の中心は社会教育法、図書館法、博物館法で、一般に「社会教育三法」と言われている。

　なお、公民館、図書館、博物館の多くは地方公共団体が条例で設置する教育機関となるが、公立の施設については地方自治法に「公の施設」にかかる規定がある。個別の法律に特別の定めがない場合は、この「公の施設」の規定が優先的に適用される。例えば、指定管理者制度については地方自治法「公の施設」の項に規定（第二百四十四条の２）されており、これを根拠に図書館等の運営の管理委託が行われている。

(3)　生涯学習の振興のための施策の推進体制等の整備に関する法律

　生涯学習推進行政に本格的に取り組むため、文部省（当時）では、1988（昭和63）年に新たに社会教育局を改組し生涯学習局を整備・設置し、生涯学習の推進のための施策の立案・実行を進めた。『生涯学習の振興のための施策の推進体制等の整備に関する法律』（生涯学習振興法）は、地方（都道府県単位）において、どのような体制で生涯学習推進行政に取り組めばよいかについて規定したもので、1990（平成２）年に成立した。同法は教育基本法に生涯学習にかかる条文がないまま、その推進体制の整備に限定して規定されたもので、生涯学習の推進に資するための都道府県教育委員会の事業、生涯学習審議会の設置等が定められている。なお、生涯学習の推進にあっては、行政のみならず、教

育・学習に関係する民間事業者との連携も重要であることから、同法は文部科学省と経済産業省が共管する法律となっている。

3. 教育行政組織に関わる法令

　地方行政については地方自治法があるが、教育行政の政治的中立性に鑑み、別に「地方教育行政の組織及び運営に関する法律（地教行法）」が定められている。その第一条に「この法律は、教育委員会の設置、学校その他の教育機関の職員の身分取扱その他地方公共団体における教育行政の組織及び運営の基本を定めることを目的とする」とある。教育委員会の職務権限が規定されており（第二十三条）、その一に「青少年教育、女性教育及び公民館の事業その他社会教育に関すること」がある。第三十条では個別に法律に設置根拠がない教育機関については、「その他の必要な教育機関として」条例で設置することができるとあり、生涯学習センター、青少年教育施設、男女共同参画センター等は同法を根拠に条例で設置されている。

　なお、全ての教育関係の事務を教育委員会が担当するのではなく、大学や私立学校については首長の職務権限となっており、首長部局が関係の事務を行っている。

4. 生涯学習・社会教育行政の多様な対象・領域に関わる法令

　生涯学習・社会教育行政は多様な対象や領域にまたがるものであるため、関係する法律もまた多様である。もちろん、学校教育法など関係の教育法規は当然深く関係しており、また著作権法のように行政現場等で必須のものもある。ここでは『文部科学白書』（2017（平成29）年版）の「現代的・社会的な課題に対応した学習等の推進」で取り上げられた法律を中心に紹介する。

　少子化対策基本法、男女共同参画社会基本法、高齢社会対策基本法、人権教育及び人権啓発の推進に関する法律、児童福祉法（児童虐待の問題）、子どもの

貧困対策の推進に関する法律、消費者教育の推進に関する法律、環境教育等による環境保全の取組の促進に関する法律、子どもの読書活動の推進に関する法律、障害を理由とする差別の解消の推進に関する法律などである。

　現代的・社会的な課題への対策には必ずと言ってよいほど、「教育・学習」が果たす役割があり、そのことが法律に規定されている。例えば、高齢社会対策基本法第十一条第1項には「国は、国民が生きがいを持って豊かな生活を営むことができるようにするため、生涯学習の機会を確保するよう必要な施策を講ずるものとする」とあり、同第2項では高齢者の社会的活動への参加の促進等について規定している

　特に人権教育については、2016（平成28）年に「本邦外出身者に対する不当な差別的言動の解消に向けた取組の推進に関する法律（ヘイトスピーチ解消法）」が成立している。グローバル化・国際化が加速し、あらゆる場面で多様性（diversity）が課題となっているとき、人権尊重の意識を高める教育の一層の推進が求められる。

　2016（平成28）年に施行された「障害を理由とする差別の解消の推進に関する法律（障害者差別解消法）」により、国及び地方公共団体の機関・施設とともに、企業や店舗などの事業者においても、障がい者への障害を理由とする差別の解消に向けた取組が義務あるいは努力義務（努めなければならない）となった。中でも「不当な差別的取扱」の禁止は、障害を持っているというだけで正当な理由なくサービスを提供しない、あるいは制限するといったことを禁ずるもので（具体的には公民館などの講演会の受講をみとめない、窓口や受付で対応を後回しにするなど）、事業者の中にはボランティアグループなども含まれる場合もあるので、同法については十分に理解しておく必要がある。

第2節　行財政制度の仕組

1．生涯学習推進行政の仕組

(1)　文部科学省

生涯学習体系への移行を目指すため、既存の社会教育局を改組して、1988（昭和63）年に「生涯学習局」が設置され、本格的な生涯学習推進行政が始動した。同局は、2001（平成13）年には生涯学習政策の立案機能を強化するため、中央教育審議会の所掌を移管し、「生涯学習政策局」に発展的に改組された。一方で、この間、地域学校協働活動やコミュニティ・スクールなど、地域と学校をめぐる課題が山積する中、学校教育政策と社会教育政策の十分な連携をとることがなかなかできず、このため2018（平成30）年に生涯学習政策局を再編強化し、教育政策全体を総合的・横断的に推進する「総合教育政策局」を新たに立ち上げた。

「総合的かつ客観的根拠に基づく教育改革政策の推進」、「社会教育を中心とした学びを総合的に推進する体制整備」を柱に、政策課、生涯学習推進課、地域学習推進課（これまでの「社会教育課」の業務を含む）などに加え、学校教員、社会教育主事等の社会教育人材など教育を支える専門人材の育成について総合的に対応する「教育人材育成課」などを新設した。

(2)　教育委員会

日本の教育行政は、「国が定める基本的な枠組みや財政的保障の下で、都道府県や市町村が主体となって実施されてきた(1)」。具体的には教育を所管する文部科学省と、地方における都道府県・市町村教育委員会でそれぞれ役割を分担し協力しながら教育政策・施策がすすめられている。産業振興、社会福祉、公共インフラ整備といった一般的な行政においては、所管する中央官庁のもと、首長（知事や市町村長）直轄の事務組織（首長部局）が担当しているが、教育委

第3章　生涯学習推進に関わる法令、行政、施策　51

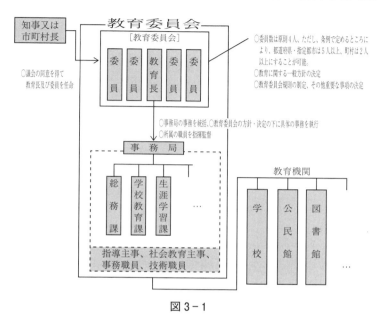

図3-1

※文部科学省資料から

員会は教育の政治的中立性や安定性、継続性の観点から、首長から独立した組織（行政委員会）(2)となっている。なお、教育委員会は原則4名の委員と代表者である教育長で構成する委員会であって、実際の業務を担当するのは教育長のもとに置かれる事務局であり、一般に教育委員会と言っているときは、この事務局のことである。教育委員は地域住民から選ばれ、教育等に関する識見はあるが、必ずしも専門家ではない。むしろ地域住民の幅広い意見を教育行政に反映させる、レイマン（layman、専門知識のない人）コントロールが意図されている（それが十分に機能しているかについては議論があり、かえって形骸化を招いているという指摘もある）。

　2015（平成27）年に地方教育行政の組織及び運営に関する法律（地教行法）

が改正され、首長と教育委員会との連携強化を目的に「総合教育会議」が制度化された。同会議は首長と教育委員で構成され、教育における重点施策や緊急に対応すべき事項（いじめ問題など）とともに、教育行政に関する大綱（教育の目標や施策の基本的な方針）について協議する（大綱は首長が策定）。策定した大綱のもとに、首長及び教育委員会がそれぞれの所管する事業・事務を行うこととなった。

(3) 地方の生涯学習推進行政の仕組

　地域の人々の学習を総合的に支援するとしたとき、それに資する政策・施策は教育委員会が行うものだけではない。むしろ、地方の多様な行政分野と一体となって、総合的・計画的に政策・施策が実行されることが期待される。

　このため、各地方公共団体においては、教育委員会に生涯学習を担当する組織を設置するとともに、首長を長とする「生涯学習推進本部」を置くことが多い。例えば、北海道生涯学習推進本部は、本部長が知事、副本部長に副知事と教育委員会教育長、本部員として総務部、総合政策部、保健福祉部、環境生活部等の各部長、教育委員会教育次長で構成され、北海道における「生涯学習の総合的かつ効果的な推進及びその普及を図る」ため、全道的な取組をすすめている。

(4) 首長部局と教育委員会との関係

　生涯学習推進行政においては首長部局との連携がもとより課題であった。総合教育会議の設置などによる首長部局との制度面での連携強化はその意味で期待できるが、一方でこれまで社会教育行政や教育行政の所管であった、文化やスポーツ振興、公民館等の社会教育施設を首長部局の所管とする動きや関連制度の改正の要望が地方からあがるようになってきた。

　これらの動きを受け、2007（平成17）年に地方教育行政の組織及び運営に関

する法律（地教行政）が改正され、地方公共団体の長が、スポーツに関することは文化に関することのいずれか又はすべてを管理し、及び執行することができるようになった（第二十四条の２第１項）。文部科学省の「教育委員会の現状に関する調査（平成29年度間）」によれば、「スポーツ」に関する事務は都道府県の50.7％、「文化」に関する事務は43.3％が既に首長（知事）が管理・執行している。また、これとは別に地方自治法の規定（第百八十条の７）により、教育委員会が所管する事務の一部を首長部局に委任したり、補助執行させることができることとなっており、同調査によれば、都道府県の9.0％が「生涯学習」の事務を、13.4％が「社会教育」の事務を既に補助執行としている。行政の現実としては首長部局と一体となって実施した方が実効性のある施策（予算面などで）を行うことができるというメリットがある一方、教育（行政）の独立性や、生涯学習推進における教育委員会の役割が曖昧化するという懸念もある。

　なお、2018（平成30）年の中央教育審議会答申『人口減少時代の新しい地域づくりに向けた社会教育の振興方策について』において、今後、公民館等の社会教育施設を地方公共団体の長が所管できる特例を認めるべきとする提言がなされた。

２．生涯学習に関する財政

(1)　予算の仕組

　生涯学習の推進のために国、都道府県・市町村は多くの経費を予算化、支出している。国から地方公共団体に経費がいくかたちとしては、補助金、委託費、地方交付税交付金などがある。また地方公共団体が独自に経費を捻出する方法として地方債（国債の地方版）がある。生涯学習推進行政は学校教育行政とは違い、制度的保証や基準としての枠組（例えば学習指導要領、各種の学校設置基準）が弱いため（別な言い方をするなら、地方の自由度が高いというこ

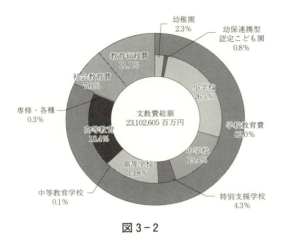

図 3-2

※『文部科学白書（平成29年版）』

うもので、もっぱら全国的な普及のためのモデル的な事業を展開する場合によく使われる。

(2) 生涯学習関連経費

　生涯学習の推進を考えたとき、いわゆる教育行政だけでなく、関連省庁や地方公共団体の首長部局の予算も視野に入れる必要があるが、その対象範囲を明確化することが難しいため、ここでは文教費総額とその中での「社会教育費」を見てみる。文教費総額とは国及び地方公共団体が教育のために支出した実績額の合計で、2015（平成27）年度（**図 3-2**）では、総額で約23兆円、社会教育費はその7.0％にとどまり、約1.6兆円となる。それでも10年ほど前には約10％を占めていたが、年々縮小している。参考までに、全国にある86の国立大学に支出される文部科学省の予算が約1兆円である。

　かつては国においても、公民館等の建設費や都道府県が市町村に派遣する社会教育主事の人件費など、生涯学習推進の基盤として必要な経費を補助してき

たが、地方分権改革の中、各地方公共団体が自分たちの実情に応じて自由闊達な行政を展開できるよう、これらの補助金は廃止された。補助金行政としての性格も変わり、全国的な水準の確保・維持から、もっぱら課題解決（例えば学校と地域の連携・協働、子育て支援など）のためのモデル事業の提案・普及が中心となってきている。

(第3節) 生涯学習推進行政と社会教育行政

1. 生涯学習推進行政

生涯学習推進行政とは、教育基本法第三条の「生涯学習の理念」を実現するための行政作用である。

具体的には、①生涯学習の機会の整備、②生涯学習の活用を推進するために社会教育関係施策、学校教育関係施策、他部局における生涯学習関連施策の全体を総合的に調和・統合させたり、大学や民間教育機関、企業等との連携を図ったりする行政作用と言うことができる。

上記の①と②の具体例として、2008（平成20）年の中央教育審議会答申『新しい時代を切り拓く生涯学習の振興方策について―知の循環型社会の構築を目指して―』は、次のことをあげている。

①国民一人一人がその生涯にわたって、あらゆる機会に、あらゆる場所において学習することができる社会の実現のための生涯学習の機会の整備のための施策（学習情報を提供することや学習者のための相談体制を整備すること、潜在的な学習需要を持つ人々に対しても適切な配慮を行い学習意欲を高めるための啓発活動を行うこと、関係行政機関等の各種施策に関し連絡調整を図る体制を整備すること等）
②生涯学習の成果を適切に生かすことのできる社会の実現のための施策（成果を生かす場や成果を生かすための評価のための制度の構築等）

> 中央教育審議会答申『新しい時代を切り拓く生涯学習の振興方策について
> —知の循環型社会の構築を目指して—』（2008（平成20）年）
>
> 　改正教育基本法において明らかにされているように、国や地方公共団体が学校教育や社会教育に関する施策等を実施する際には、生涯学習の理念に配慮する必要がある。
> 　このことを踏まえれば、生涯学習振興行政は、生涯学習の理念に則って、その理念を実現するための施策を推進する行政であるといえる。そのため、その行政に関する施策は、社会教育行政や学校教育行政によって個別に実施される施策を中心として、首長部局において実施される生涯学習に資する施策等に広がっている。これらの各分野ごとの施策において、それぞれ生涯学習の理念に配慮しつつ、各施策を推進することは必要であるが、その全体を総合的に調和・統合させるための行政が生涯学習の理念を実現させるための、生涯学習振興行政の固有の領域であると考えられる。

２．社会教育行政

　社会教育行政とは、生涯学習推進のために国、地方公共団体が行う行政作用のうち主として『社会教育法』に基づくものを言い、伊藤俊夫は、「社会教育行政は、国民の社会教育活動が有効に展開できるような環境条件を整備し、必要に応じた支援を行い、その奨励に努める行政作用である[3]」と述べている。この中の「環境条件を整備」については、『社会教育法』第三条で、国及び地方公共団体の任務について、「国及び地方公共団体は、この法律及び他の法令の定めるところにより、社会教育の奨励に必要な施設の設置及び運営、集会の開催、資料の作製、頒布その他の方法により、すべての国民があらゆる機会、あらゆる

場所を利用して、自ら実際生活に即する文化的教養を高め得るような環境を醸成するように努めなければならない」と規定しているように、社会教育行政の任務が環境醸成であることを言っている。

> 中央教育審議会答申『新しい時代を切り拓く生涯学習の振興方策について
> ―知の循環型社会の構築を目指して―』(2008(平成20)年)
> 「社会教育」が社会教育法第二条において、「学校教育法に基き、学校の教育課程として行われる教育活動を除き、主として青少年及び成人に対して行われる組織的な教育活動(体育及びレクリエーションの活動を含む。)をいう。」と定義されていることからも、社会教育行政は、学校教育として行われる教育活動を除いた組織的な教育活動を対象とする行政である。

3．生涯学習推進行政の中核を担う社会教育行政

　生涯学習推進のためには社会教育関係機関・施設、学校、首長部局、民間教育・学習機関等の連携が必要である。このため、生涯学習を推進する行政は複数の生涯学習支援領域にまたがるネットワーク型の行政になる。社会教育行政はそのような生涯学習推進のためのネットワーク型行政の中核的な役割を担うものと位置付けられている。

> 中央教育審議会答申『新しい時代を切り拓く生涯学習の振興方策について
> ―知の循環型社会の構築を目指して―』(2008(平成20)年)
> 　いわば国民一人一人の生涯の各時期における人間形成という「時間軸」と、社会に存在する各分野の多様な教育機能という「分野軸」の双方から、学校教育の領域を除いたあらゆる組織的な教育活動を対象としており、その範囲は広がりを持ち、生涯学習振興行政において社会教育行政は中核的

58

な役割を担うことが期待されている。

4. 生涯学習推進行政のモデルとしての生涯大学システム

　生涯学習関係施策を総合的に調整して生涯学習を推進する行政を具体的にイメージするために、一つの事例として生涯大学システム[4]について紹介しておこう。

　様々な行政機関、民間機関、施設、団体等のネットワーク化を図るためには、それらを調整する機能が必要で、そのような機能を持つものとして生涯学習推進センターや生涯学習センターが各地に設置されている[5]（以下、特別の場合を除き生涯学習センターと言う）。都道府県の生涯学習センターを核に、市町村域を越えて総合的な生涯学習支援ネットワークとして構想されたものが「生涯大学システム」である。「生涯大学システム」は研究開発段階で名付けられた名称で、実際にはそのような名前のものは存在せず、多くの県では「県民カレッジ」等と言っている。

　このシステムは、「地域における多様で体系的な学習機会の広域的・継続的な提供及び学習成果を生かした社会参加を支援するための総合的なシステム」であり、「各都道府県を中心に、県域内の各市町村、社会教育施設や大学、高等学校等、民間教育事業者等との幅広い連携・協力により構築される、総合的な学習サービス提供システム」である。

　その概略を図で表すと**図3-3**のようになる。生涯大学システムとしての県民カレッジでは、事務局を都道府県生涯学習センターに置くケースが多い。都道府県、市町村、民間教育機関、大学等はそれぞれの学習機会を県民カレッジに登録する。さらに県民カレッジは本、ビデオ、放送大学などでの学習についても県民カレッジの学習機会として認めたりして、それらの学習機会一覧の学習メニューブックの作成やWeb上での情報提供を行ったりする。学習者は県民

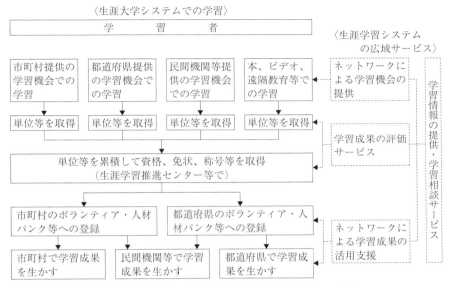

図3-3　生涯大学システムでの学習と仕組みの概略

カレッジ登録の学習機会で学習すると一定の基準に基づき単位等が付与される。その単位を累積加算して一定数になったときに生涯学習センターに申請すると、称号等が付与される。学習者は人材バンク等に登録し、県民カレッジでの学習歴を生かして地域社会で活躍する。

　但し、実際には、単位や称号等の付与といった県民カレッジの学習成果の評価は生涯学習を奨励する役割を果たすにとどまり、学習成果の活用に結び付けるのが難しいという課題を抱えている。また、生涯学習センターの実態を見ても、調整機能を持たせることは難しく、学習情報の提供、学習機会提供、研修や調査研究機能を有するにとどまっているところが少なくない。県民カレッジでも生涯学習センターの主な役割は調整というより、学習情報の提供や単位の付与などになっているケースが多い。

第4節 生涯学習推進施策の動向

1. 生涯学習推進施策の捉え方

　生涯学習推進施策とは、生涯学習の推進に関する政策を実現するための具体的な対策・手段である。ここで言う政策とは、行政の目的や方向性を示すもので、行政の基本構想などの中では将来構想とか基本目標と言われる。施策は、政策を実現するために策定されるもので、その下に事業計画が設定される。[6]

　生涯学習推進とは文字通りに言えば生涯学習が盛んになるよう推し進めることであるが、それには生涯学習への理解や認識を深めたり、学習活動を盛んにしたり、学習を支援する仕組を整えたりすることなど様々なものが含まれている。国や各自治体は、生涯学習が盛んになるための何らかの対策や手段を講ずるが、それがここで言う生涯学習推進施策である。これまでに様々な生涯学習推進施策が打ち出されてきており、具体的には、法律や制度の整備、関連機関・施設等の設置、新規の学習プログラム等の開発など多岐に渡るが、我が国が生涯学習社会の実現に向かって進められてきていることから、まず生涯学習社会がどのような社会であるかを述べ、それとの関わりで生涯学習推進施策を見ていくことにしよう。

2. 生涯学習社会の実現との関わりでの生涯学習推進施策

　生涯学習社会については、中央教育審議会答申『生涯教育について』（1981（昭和56）年）の中で学歴社会から学習社会へ転換を図るということが言われ、臨時教育審議会（1984—1987（昭和59—62）年）で学習者の立場を尊重する生涯学習社会の実現が提唱された。それ以降、生涯学習社会の実現が繰り返し言われることになるが、その仕組を初めて具体的に示したものが中央教育審議会答申『新しい時代に対応する教育の諸制度の改革について』（1991（平成3）年）であった。そこでは下記のように、教育・学習システムという言葉を用い

第3章　生涯学習推進に関わる法令、行政、施策　61

て、社会の様々な教育・学習システムが相互に連携して生涯学習社会を築いていくことが強調されている。この考え方は、それ以降に設けられた生涯学習審議会、中央教育審議会にも引き継がれ、後述する教育基本法の改正に繋がっていくことになる。

中央教育審議会答申『新しい時代に対応する教育の諸制度の改革について』
（1991（平成3）年）

　社会のさまざまな教育・学習システムが相互に連携を強化して、生涯のいつでも自由に学習機会を選択して学ぶことができ、その成果を評価するような生涯学習社会を築いていくことが望まれるのである

生涯学習審議会答申『今後の社会の動向に対応した生涯学習の振興方策について』（1992（平成4）年）

　今後人々が、生涯のいつでも、自由に学習機会を選択して学ぶことができ、その成果が社会において適切に評価されるような生涯学習社会を築いていくことを目指すべきである

　前述の教育・学習システムはその後、生涯学習社会の教育・学習システムと呼ばれることになり、学習者の学習プロセスに沿って学習を支援するための仕組として、次の①〜③の3つのサブシステムによって構成される。各サブシステムの具体的内容が生涯学習推進施策の例である。

①学習機会選択援助システム

　教育・学習の案内情報を提供する学習情報提供、情報選択や学習の仕方についてのアドバイスや相談を行う学習相談、等

②学習機会等提供システム

　学校教育、社会（例：地域の社会教育、職業能力開発、民間教育事業など）、家庭（例：家庭教育、遠隔教育を利用した在宅学習など）における教育・学習の機会・コンテンツの提供、学習資源の開発、ＮＰＯ等も含む学習グループ・サークル・団体等の育成、学習施設等（例：公民館、図書館、博物館、文化・スポーツ施設など）の整備・充実、等

③学習成果の評価・認定・認証サービスシステム

　修了証・認定証・単位・資格・免状・称号等の付与、「生涯学習パスポート」などによる各種学習活動歴の証明、各種学習成果の評価内容の互換、等

　但し、現在の我が国における生涯学習社会の教育・学習システムはまだ完全なものではなく、特に③の学習成果の評価・認定・認証サービスシステムに関わる施策は、県民カレッジ等で単位を付与したり講座で修了証を出したりしているところはあるが、奨励的評価の域を出ることができず、長年の課題となっている。

3. 生涯学習社会の教育・学習システム構築のための施策

　『教育基本法』の改正（2006（平成18）年）により新設された「生涯学習の理念」（第三条）は生涯学習社会について述べているものであり、これにより生涯学習社会実現に向けての生涯学習支援についての法的根拠が得られたことになるが、それ以前にも様々な生涯学習推進施策が打ち出されている。

　文部省（当時）では、1988（昭和63）年に社会教育局が生涯学習局に改組再編することにより、国の行政としての生涯学習振興体制の整備に着手した。さらに、中央教育審議会答申『生涯学習の基盤整備について』（1990（平成２）年）で地域における生涯学習推進の中心機関としての生涯学習推進センターの設置とその具体的事業が提言されたが、このセンターは上述の３つのサブシス

テムを含む教育・学習システムの調整機能を果たそうとするものでもある（第３章３）を参照）。さらに、『生涯学習の振興のための施策の推進体制等の整備に関する法律』（生涯学習振興法）（1990（平成２）年制定）で、生涯学習振興のための事業（第三条１項）、生涯学習審議会の設置（第十条）など、都道府県における生涯学習振興上の役割についての法的基盤が与えられることになった。

４．地域の教育力向上を目指す生涯学習推進施策

　一方、地域の教育力向上を目指す施策も進められてきている。具体的には生涯学習審議会答申『生活体験・自然体験が日本の子どもの心をはぐくむ』（1999（平成11）年）での提言を受け、2002（平成14）年からの学校週５日制完全実施に対応した緊急３ヵ年戦略「全国子どもプラン」が策定され、関係省庁とも連携した子どもの多彩な体験活動機会の充実等をはじめとする施策が打ち出された。それ以降、地域の生涯学習推進施策は子どもを対象とするものにウェイトが置かれるようになったが、『教育基本法』改正（「学校、家庭、地域住民等の相互の連携協力」（第十三条）の新設）、2008（平成20）年の『社会教育法』改正により、社会全体で教育力を高めて学校を支援する施策（例：地域学校協働活動推進事業など）が立てられ、地域における取組にも変化が見られるようになってきた。これは、子どもや学校を支援する施策であると同時に、地域の人々（成人）がこれまでの学習成果を活用する機会として参加したり、新たな学習の機会として利用したりすることを通じての地域づくりをねらっている。

５．学習成果を社会で生かすための生涯学習推進施策

　４．で述べたように、地域の生涯学習推進施策にあって少しずつ変化が生じることにより、地域を支える人材づくりを図るための学習成果の活用支援に着手しつつある。学習成果の活用については、中央教育審議会答申『生涯学習の基盤整備について』（1990（平成２）年）、中央教育審議会答申『新しい時代に

対応する教育の諸制度の改革について』（1991（平成３）年）、生涯学習審議会答申『学習の成果を幅広く生かす』（1999（平成11）年）などの中で、学習成果が適切に評価され、活用されることの必要性が指摘されてきたが、その法的基盤が当時まだ無かったこともあり、２．で述べたようにそのための施策が遅れていた。しかし、少子高齢化やそれに伴う財政難などの状況もあり、個人が学習やそこで得られた成果によってそれぞれ自立していく必要性が生じてきた背景の中、改正された『教育基本法』（「生涯学習の理念」（第三条））で学習成果を社会で適切に生かすことが言われ、2008（平成20）年に改正された社会教育関連三法（社会教育法、図書館法、博物館法）ではいずれも学習成果の活用やその支援について規定されるようになった（第８章第１節）を参照）。

　さらに中央教育審議会答申『新しい時代を切り拓く生涯学習の振興方策について―知の循環型社会の構築を目指して―』（2008（平成20）年）で、既存の学習成果の評価の社会的通用性の向上を図ることが提言されることになどによって、学習成果の評価の認証サービスの仕組の整備にも着手している。例えば、2010（平成22）年における「検定試験の評価の在り方に関する有識者会議」からの「『検定試験の評価ガイドライン（試案）』について（検討の整理⁽⁹⁾）」の公表以降、検定事業者が主体的に自己評価、情報公開できるような仕組の構築に力を入れている。現在では、中央教育審議会答申『個人の能力と可能性を開花させ、全員参加による課題解決社会を実現するための教育の多様化と質保証の在り方について』（2016（平成28）年）での提言を受け、「検定試験の評価等の在り方に関する調査研究協力者会議」の『検定事業者による自己評価・情報公開・第三者評価ガイドライン』（2017（平成29）年⁽¹⁰⁾）により、効果的・効率的な自己評価・情報公開および第三者評価が行われるよう、検定事業者等の自主的な取組のための目安が示されている。

６．社会の要請に応える生涯学習推進施策

このように我が国では、教育基本法の改正など一連の法改正による法的基盤を得ながら、生涯学習社会の教育・学習システムの構築を目指す生涯学習推進施策が進められてきたが、その中で中央教育審議会生涯学習分科会『今後の生涯学習の振興方策について（審議経過の報告)』（2004（平成16）年）で生涯学習社会を目指すための基本的な考え方として、

①教育・学習に対する個人の需要と社会の要請のバランスを保つこと
②生きがい・教養・人間的つながりなどの人間的価値の追求と、経済的価値を生み出すための職業的知識・技術の習得の調和を図ること
③これまでの優れた知識・技術や知恵を継承して、それを生かした新たな創造により、絶えざる発展を目指すこと

の３点が提示され、この考え方のもとで生涯学習推進の具体的な課題が検討されるようになった。さらにそのような課題を析出するための枠組も提出されている。
(11)

この枠組で生涯学習推進施策の今日的課題を捉えると、少子高齢化やそれに伴う財政難の中で人口減少やコミュニティの衰退が進む現状にあって、自立した地域づくりこそが優先されなければならない緊急の課題であることから、上述の社会の要請にウェイトが置かれているところに特徴がある。

例えば、中央教育審議会答申『人口減少時代の新しい地域づくりに向けた社会教育の振興方策について』（2018（平成30）年）では、社会教育を基盤とした人づくり・つながりづくり・地域づくりの重要性が提言されている。具体的には、「開かれ、つながる社会教育」という考え方のもと、学習の場への地域住民の主体的な参画や、首長部局・学校・ＮＰＯ・企業等のこれまで以上の連携・協働などを可能にするような取組が進められようとしている。また、人生100年

時代を見据えた学び直し、女性活躍や働き方改革の推進、急速な技術革新への対応などの課題に対応すべく、リカレント教育の機会提供や、大学等との協働での人材育成プログラムの開発なども、ここでいう生涯学習推進施策の 1 つに位置付けられる。

7．共生社会の実現に関わる生涯学習推進施策の課題

　広い意味では 6．であげた社会の要請に含まれるが、今日的なグローバル化への対応として、特に共生社会を実現するための障害者等への支援に関わる課題もある。

　共生社会について、中央教育審議会初等中等教育分科会報告『共生社会の形成に向けたインクルーシブ教育システム構築のための特別支援教育の推進』(2012（平成24）年）では、「これまで必ずしも十分に社会参加できるような環境になかった障害者等が、積極的に参加・貢献していくことができる社会である。それは、誰もが相互に人格と個性を尊重し支え合い、人々の多様な在り方を相互に認め合える全員参加型の社会である。このような社会を目指すことは、我が国において最も積極的に取り組むべき重要な課題である。」と捉えている。人口構造の変化に伴う高齢者の増加、貧困と格差に起因する困難を抱える人々の存在、グローバル化に伴う在留外国人の増加等を受け、上述の社会の実現のためには、障害者以外にも、高齢者、外国人、困難を抱える人々など、全ての住民が孤立することなく、地域社会の構成員として社会参加できる多様性への理解を支える社会的包摂（ソーシャル・インクルージョン）の考え方が必要と(12)
なる。

　さらに、2015（平成27）年 9 月開催の第70回国連総会で採択された「持続可(13)
能な開発目標」(Sustainable Development Goals：SDGs) との関わりで述べると、これは、先進国や開発途上国の別なく地球上の誰一人として取り残さない持続可能な世界を実現するための世界全体の普遍的な目標であるが、このSDGsの

第 3 章　生涯学習推進に関わる法令、行政、施策　67

17の目標の 1 つとして、すべての人に包摂的（インクルーシブ）かつ公平で質の高い教育を提供し、生涯学習の機会を促進することとされている。

　このような情勢にあって、我が国もこれからは様々な主体がそれぞれの立場から主体的に一人一人が生涯にわたって学び続けることのできる社会の実現が求められる。そこで、障害者等のこれまで以上に多様なニーズに応えた学習機会の提供、従来のＩＣＴはもちろん、ＡＩやビッグデータ等の新しい技術も最大限活用した学習支援など、様々な取組を相互に関連させながら推進させることが課題となる。

注

（１）　中央教育審議会教育制度分科会地方行政部会『地方分権時代における教育委員会の在り方について（部会まとめ）』2005（平成17）年

（２）　政治的中立性を確保するために一般の行政機関から独立して設置される合議制の執行機関のこと。地方自治法では教育委員会、選挙管理委員会、人事管理委員会が必置となっている。

（３）　伊藤俊夫「生涯学習活動と社会教育行政」、伊藤俊夫編著『生涯学習の支援』実務教育出版、1995（平成 7 ）年、42頁。

（４）　文部省生涯学習局『地域における生涯大学システムの整備について』、1997（平成 9 ）年。

（５）　都道府県の生涯学習推進センター等については、1990（平成 2 ）年の中央教育審議会答申『生涯学習の基盤整備について』は、「今後は特に、生涯学習に関する情報を提供したり、各種の生涯学習施設相互の連携を促進し、人々の生涯学習を支援する体制を整備していくことが重要である。このため、それぞれの地域の生涯学習を推進するための中心機関となる『生涯学習推進センター』を設置することが必要と考えられる」と提言し、その機能をあげている。詳しくは第 7 章第 1 節を参照。

　　都道府県の生涯学習推進センター等の機能は、平成 2 年制定の『生涯学習の振興のための施策の推進体制等の整備に関する法律』の第 3 条第 1 項で都道府県教育委員会の事業として定められている。

〈『生涯学習の振興のための施策の推進体制等の整備に関する法律』（1990（平成2）年6月29日）より〉

（生涯学習の振興に資するための都道府県の事業）

第3条　都道府県の教育委員会は、生涯学習の振興に資するため、おおむね次の各号に掲げる事業について、これらを相互に連携させつつ推進するために必要な体制の整備を図りつつ、これらを一体的かつ効果的に実施するよう努めるものとする。

　　一　学校教育及び社会教育に係る学習（体育に係るものを含む。以下、この項において「学習」という。）並びに文化活動の機会に関する情報を収集し、整理し、提供すること。

　　二　住民の学習に対する需要及び学習の成果の評価に関し、調査研究を行うこと。

　　三　地域の実情に即した学習の方法の開発を行うこと。

　　四　住民の学習に関する指導者及び助言者に対する研修を行うこと。

　　五　地域における学校教育、社会教育及び文化に関する機関及び団体に対し、これらの機関及び団体相互の連携に関し、照会及び相談に応じ、並びに助言その他の援助を行うこと。

　　六　全各号に掲げるもののほか、社会教育のための講座の開設その他の住民の学習の機会の提供に関し必要な事業を行うこと。

　同法では「生涯学習推進センター」という言葉は使われていないが、1991（平成3）年の『生涯学習の振興に資するための都道府県の事業の推進体制の整備に関する基準』（文部省告示）とともに出された生涯学習局長による『「生涯学習の振興に資するための都道府県の事業の推進体制の整備に関する基準」の趣旨及び留意点について』は、次のように「生涯学習推進センター」を「参考」としてあげている。

　都道府県の教育委員会が、事務分担や各施策担当部門間の連携の在り方の見直しを図ることなどにより、法第三条第一項各号に掲げる諸事業を一体的かつ効果的に実施できる体制を整備する場合には、利用する住民や関係者の便宜、行政の効率性の観点から、単一の組織において実施することが必要である。

　単一の組織を設ける際しては、例えば、中央教育審議会の「生涯学習の基盤整

備について」（平成二年一月三十日答申）において示されている生涯学習推進センターのような機関も参考とすることが有益である。

（6） 山本恒夫「生涯学習振興施策の立案と推進」（伊藤俊夫編著『生涯学習概論ハンドブック』（国立教育政策研究所社会教育実践研究センター、2005（平成17年）、26～31頁）26頁。

（7） 山本恒夫『21世紀生涯学習への招待』（協同出版、2001（平成13）年）51頁。

（8） 前掲書58頁および山本恒夫「学習成果の評価と活用」（辻功・伊藤俊夫・吉川弘・山本恒夫編著『概説生涯学習』（第一法規、1991（平成3）年）230～232頁）。

（9） 文部科学省「「検定試験の評価ガイドライン（試案）」について（検討のまとめ）」（http://www.mext.go.jp/b_menu/shingi/chousa/shougai/017/gaiyou/1218000.htm、2019（平成31）年1月10日閲覧）を参照。

（10） 文部科学省「「検定事業者による自己評価・情報公開・第三者評価ガイドライン」について」（http://www.mext.go.jp/a_menu/ikusei/minkankyou/detail/1396885.htm、2019（平成31）年1月10日閲覧）を参照。

（11） 詳しくは、山本恒夫「平成20年度の国における社会教育・生涯学習振興行政の成果と今後の課題」（『社会教育』64（3）、2008（平成20）年、8～11頁）を参照。それによると、この枠組により下記のような課題があげられている。

- 経済的価値の追求にかかわる社会の要請についての課題（例：フリーター等の学習支援、団塊の世代の能力活用・再就職支援のための学習支援、社会人基礎力の養成など）
- 経済的価値の追求にかかわる個人の需要についての課題（例：転職・再就職支援、蓄積された個人的知識・技術の活用支援など）
- 人間的価値の追求にかかわる個人の需要についての課題（例：後期高齢者の生きがいづくり支援、趣味・教養講座の充実など）
- 人間的価値の追求にかかわる社会の要請についての課題（例：地域の学習・文化・スポーツ振興、学校・家庭・地域の連携推進、家庭教育支援など）

（12）このような共生社会の実現を目指すため、生涯学習推進にあっては、例えば、学校卒業後における障害者の学びの推進に関する有識者会議報告『障害者の生涯学習の推進方策について―誰もが、障害の有無にかかわらず共に学び、生きる共生社会を

目指して—』（2019（平成31）年）などが出されている。

(13) United Nations ,Transforming our world: the 2030 Agenda for Sustainable Development,(https://sustainabledevelopment.un.org/post2015/transformingourworld, 2019（平成31）年４月10日閲覧）を参照。なお、SDGs にかかわる日本語訳のウェブページについては、国際連合広報センター『2030アジェンダ』（https://www.unic.or.jp/activities/economic_social_development/sustainable_development/2030agenda/, 2019（平成31）年４月10日閲覧）を参照。

参考文献

- 日本生涯教育学会『生涯学習研究 e 事典』http://ejiten.javea.or.jp/
- 国立教育政策研究所社会教育実践研究センター『二訂 生涯学習概論ハンドブック』、2018（平成30）年
- 古川治・今西幸蔵・五百住満編著『教育法規・教育行政入門』ミネルヴァ書房、2018（平成30）年
- 国立教育政策研究所社会教育実践研究センター『社会教育計画ハンドブック』、2009（平成21）年
- 井内慶次郎・山本恒夫・浅井経子『改訂 社会教育法解説』（第３版）全日本社会教育連合会、2008（平成20）年
- 山本恒夫・浅井経子・渋谷英章編著『生涯学習論』文憲堂、2007（平成19）年
- 山本恒夫・蛭田道春・浅井経子・山本和人編著『社会教育計画』文憲堂、2007（平成19）年
- 田中壮一郎監修、教育基本法研究会編『逐条解説 改正教育基本法』第一法規、2007（平成19）年
- 山本恒夫・浅井経子『生涯学習〔答申〕ハンドブック—目標、計画づくり、実践への活用—』文憲堂、2004（平成16）年
- 山本恒夫・浅井経子・椎廣行編著『生涯学習［自己点検・評価］ハンドブック—行政機関・施設における評価技法の開発と展開—』文憲堂、2004（平成16）年
- 山本恒夫『21世紀生涯学習への招待』協同出版、2001（平成13）年
- 山本恒夫・浅井経子・手打明敏・伊藤俊夫『生涯学習の設計』実務教育出版、1995（平成７）年

第4章　社会教育の意義と特質

（第1節）社会教育の意義

　社会教育活動の範囲は広く、生活技術に関わるものから芸術・芸能・趣味に関するものやボランティア活動支援に関するものまで様々である。そのような社会教育活動を推進するための社会教育行政によるサービスも公民館、図書館、博物館、青少年教育施設等の設置・管理、社会教育事業の開設、資料の作成・配布、学習グループ・団体等の支援、指導者の育成等、多岐にわたっている。ここでは社会教育行政に関わって行われる社会教育を中心に取り上げる。

　『社会教育法』が制定された1949（昭和24）年当時は、高校進学ができない勤労青少年のための職業教育や民主的な家庭や地域をつくるための生活改善に関する事業等が社会教育事業として積極的に取り上げられた。現在では、生きがい充足のための事業、まちづくりや環境問題等の地域課題解決のための事業、学校支援や家庭教育支援に関する事業などが中心となっている。

　そのような社会教育の意義として、ここでは(1)人々の生涯学習を支援する、(2)人々の生活課題を解決する、(3)地域課題を解決し地域の教育力を高める、(4)個人および地域の自立を助ける、を取り上げて考えてみよう。

（1）　人々の生涯学習を支援する

　社会教育は人々の生涯学習を支援しており、社会教育に支えられて人々は多種多様な学習活動を行っている。社会教育行政について言えば、『社会教育法』第三条は「国及び地方公共団体が社会教育に関する任務を行うにあたっては生涯学習の振興に寄与するものになるよう努めなければならない」と規定している。

(2) 人々の生活課題を解決する

　第1章第4節で述べたように、人々が学習するのは何らかの生活課題を解決するためであることが多い。その中には生きがいを得たいといったことも含まれる。人々の生涯学習は多様であるので、社会教育も多様な内容・形態をとって、人々が心身ともに健康で充実した生活を送ることができるように支援している。

(3) 地域課題を解決し地域の教育力を高める

　社会教育ではまちづくりや環境問題、人権問題等の地域課題に関する事業がよく行われており、社会教育はそれらを解決する役割を果たしている。人々の学習ニーズは、どちらかと言えば趣味やスポーツ等に関する領域で高い傾向が見られるが、公費を使って行われる社会教育事業では地域の発展に資する、公共性のある課題に取り組むべきだとする声もあがっている。

　また、高度経済成長期以降には急速な都市化が進み、かつてのような地域社会は崩壊した。しかし、子どもたちの教育は地域全体で行う必要があり、放課後や休日に子どもたちの活動を支援したりすることも社会教育の課題となっている（社会教育法第五条13）。また子育てに不安を抱える親を支援したり（『社会教育法』第三条3，第五条7）、学校を支援したりして（『社会教育法』第三条3，第五条の2，第九条三の2）、地域ぐるみで子どもたちの教育に関わることを通して、社会教育は地域の教育力の向上に貢献している。

(4) 個人及び地域の自立を助ける

　上記で述べた(2)や(3)に関わることでもあるが、人々が市民としての責任を果たしつつ自立すること、地方分権が進められる社会にあってそれぞれの地域が自立することが求められている。

　自立した市民として人々が成長するためには市民性の育成が、また経済的に

自立するためには職業教育、職業スキル研修等の機会が必要不可欠である。また、地域社会の自立について言えば、防犯、ごみの分別、リサイクル、青少年健全育成、高齢者の世話等の地域課題に人々が参画・協力することにより、自立した地域社会をつくることが期待できる。

　そのためにも人々の学習成果の活用を通した社会参画は今後一層重要になると考えられ、2008（平成20）年の『社会教育法』改正では人々の学習成果の活用支援が市町村教育委員会の事務に追加された（『社会教育法』第五条15）。

───『社会教育法』──学校教育、家庭教育との関係──

『社会教育法』第三条（国及び地方公共団体の任務）

　3　国及び地方公共団体は、第1項の任務を行うに当たっては、社会教育が学校教育及び家庭教育との密接な関連性を有することにかんがみ、学校教育との連携の確保に努め、及び家庭教育の向上に資することとなるよう必要な配慮をするとともに、学校、家庭及び地域住民その他の関係者相互間の連携及び協力の促進に資することとなるよう努めるものとする。

『社会教育法』第五条（市町村教育委員会の事務）　市（特別区を含む。以下同じ。）町村の教育委員会は、社会教育に関し、当該地方の必要に応じ、予算の範囲内において、次の事務を行う。

　七　家庭教育に関する学習の機会を提供するための講座の開設及び集会の開催並び家庭教育に関する情報の提供並びにこれらの奨励に関すること。

　十三　主として学齢児童及び学齢生徒（それぞれ学校教育法第十八条に規定する学齢児童及び学齢生徒をいう。）に対し、学校の授業の終了後又は休業日において学校、社会教育施設その他適切な施設を利用して行う学習その他の活動の機会を提供する事業の実施並びにその奨励に関すること。

十五　社会教育における学習の機会を利用して行った学習の成果を活用して学校、社会教育施設その他地域において行う教育活動その他の活動の機会を提供する事業の実施及びその奨励に関すること。

『社会教育法』第五条（市町村教育委員会の事務）
2　市町村の教育委員会は、前項第十三号から第十五号までに規定する活動であつて地域住民その他の関係者（以下この項及び第九条の七第二項において「地域住民等」という。）が学校と協働して行うもの（以下「地域学校協働活動」という。）の機会を提供する事業を実施するに当たつては、地域住民等の積極的な参加を得て当該地域学校協働活動が学校との適切な連携の下に円滑かつ効果的に実施されるよう、地域住民等と学校との連携協力体制の整備、地域学校協働活動に関する普及啓発その他の必要な措置を講ずるものとする。

『社会教育法』第九条の三（社会教育主事及び社会教育主事補の職務）
2　社会教育主事は、学校が社会教育関係団体、地域住民その他の関係者の協力を得て教育活動を行う場合には、その求めに応じて、必要な助言を行うことができる。

第2節　生涯各期の社会教育

　社会教育の特質としては、対象、内容、方法・形態が多岐にわたっていることがあげられる。対象は子どもから高齢者までにわたり、内容は生活・職業技術に関わるものから芸術・芸能・趣味に関するもの、ボランティア活動に関するもの等、多種多様である。方法・形態を見ても講座、ワークショップ、団体・グループ活動、個人学習支援等様々である。ここでは社会教育の特質を生涯各

期に分けてみて見ることにしよう。

1．青少年教育

(1)　青少年教育の対象

　青少年教育とは、成人期に入るまでの青少年の健全育成を目的とした教育の総称である。社会教育でのそれは、主として6歳から25歳位までの人々を対象としている。

　青少年期は少年期と青年期に大別される。少年の捉え方は様々で、『少年法』は「20歳に満たない者」を、『児童福祉法』は「小学校就学の始期から、18歳に達するまでの者」を少年としている。社会教育では、一般に6歳から15歳までを少年としており、少年を対象とした社会教育を少年教育と言っている。青年期がいつかについてはさらにあいまいで、心理学では一般に12,3歳ごろから20歳ごろまでとしているが、最近では青年期が延長されており20代後半までをも含めざるをえなくなっている。社会教育では、一般に16歳から25歳位までを青年とし、青年を対象とした社会教育を青年教育と言っている。

(2)　少年教育の意義と内容

　少年期は乳幼児期に次いで著しい身体的な成長、知的発達を遂げる時期であるが、高度経済成長以降の核家族化の進行、兄弟数の減少、過保護・過期待・過干渉の親の増加、戸外での遊びからテレビ、ゲーム等の室内での遊びへの変化などが少年の発達に様々な影響を与えている。そのような要因も絡んで、青少年犯罪の低年齢化と凶悪化、いじめの増加、耐性やコミュニケーション能力の低下など、多様な問題が生じている。

　このため、人とのつき合い方や社会的なルールを身に付けたり、自主性、責任感や連帯感等を育成したり、自然への畏敬の念を培ったりする少年教育が社会教育として様々なかたちで行われている。例えば、子ども会、ボーイスカウ

ト、ガールスカウト、スポーツ少年団等の少年団体の活動、青少年交流の家や青少年自然の家等の青少年教育施設の事業などがあげられる。特に生活体験、自然体験、社会体験が不足していると言われる現代の少年に対して、体験活動や奉仕活動の機会提供が期待されている。また、各地に児童福祉法に基づく児童厚生施設として子どもセンターが設置され、多様な活動機会に関する情報提供（情報誌の発行や少年対象のボランティア活動の機会の紹介等）や24時間体制の相談事業等が行われている。

(3) 青年教育の意義と内容

青年期は身体的には大人になるが精神的には未成熟な時期で、それゆえ一人の人間として行動したいがうまくいかず社会から認められないということなどもあって、精神的に不安定になりがちである。また、性への関心が高まる時期でもある。一方で、大人や既存の社会への抵抗からファッション等の新しい文化を生み出すエネルギーを持っている時期でもある。

青年期の課題として、アイデンティティ（identity）の確立があげられる。アイデンティティは自己同一性と訳され、自己の存在証明、真の自分、主体性などと意訳されたりしている。自分の存在や役割が周囲の人々から認められることにより得られる肯定的な自己像を意味している。[1] しかし、近年は経済的、精神的な自立が遅れ、アイデンティティが確立できず、自分に対して自信が持てない青年が増えている。

このため、悩みを共有できる仲間づくりの機会、エネルギーや情動を発散させるスポーツ・レクリエーション等の機会、奉仕活動・ボランティア活動等の機会をつくる必要があると言われている。実際、高校生や大学生がNPOやグループを立ち上げ、公共のために社会参画するのを支援・協力する事業や活動も見られる。それらは青年が自己実現を図ったり自己を試したりする機会となって、アイデンティティの確立を助けようというものである。

しかし、身近な仲間やメル友と付き合ったり、インターネットやゲームに熱中したり、アルバイトをしたりする青年が多く、青年対象の社会教育事業は停滞している。

２．成人教育

（1）　社会教育の中の成人教育

　成人を対象とした社会教育は、家庭教育に関するもの、教養の涵養に関するもの、スポーツ・レクリエーションに関するもの、趣味に関するもの、市民生活に関するものなど多様である。学級・講座・教室等や学習グループ・サークル・団体等には女性や高齢者の参加が多い。成人男子の場合、社会通信教育や本、雑誌等を利用して個人学習で学習するケースが多いので、図書館や学習情報提供・学習相談体制等を整備して個人学習支援等が行われている。

（2）　成人の学習の特徴

　成人教育を行う上で、成人の学習の特徴を理解しておくことは大切なことである。20世紀半ば以降ドイツやアメリカを中心にアンドラゴジー（andragogy）の研究が進められ、その中で成人の学習の特徴が明らかにされた。アンドラゴジーとは成人教育学のことである。教育学が子どもの教育を意味するペダゴジー（pedagogy）であったので、成人教育をペダゴジーの中で研究するのは無理があると考えて、ペダゴジーとは別にアンドラゴジーの研究が進められたのである。

　アンドラゴジーの研究で有名なノールズ（Knowles, M. S.）は、子どもの学習と成人の学習との違いについて、次のように指摘した。[2]

［子どもの学習の特徴］

　①子どもの学習は、親や先生等の大人に依存している。大人の指導を受けな

がら、それに従って学習するということである。

②子どもの経験は浅いので、子どもの学習は経験をほとんど生かすことなく行われる。

③学習へのレディネス（readiness、準備態）は、身体的、精神的発達により決まる。レディネスとは、その学習をするのに必要な準備状態である。身体的、精神的発達を無視して学習させてもうまくいかないので、発達段階に合った学習が行われる。

④子どもの学習は、将来一人前の人間になるために行われる。したがって、学習した成果の応用はかなり先のことになり、それゆえ教科などの系統的な学習が行われる。

［成人の学習の特徴］

①成人の学習は自己主導的な学習である。自分で判断して自分に合った方法で学習を進め、学習した成果を自己評価する。

②成人はそれまでの経験を生かしながら学習する。例えば、学習している内容を理解するときも過去の経験に照らして理解しようとすることが多い。成人にとって、経験はその人の存在そのものでもあるので、成人の学習活動の中では互いに経験を尊重し合うことは互いの存在を尊重することにも相当するのである。

③学習へのレディネスは、社会的役割によって決まるようになる。家庭人としての役割、親としての役割、職業人としての役割、地域の一員としての役割等、様々な役割を成人は担っているが、その役割を果たす上で学習が必要と感じたときに、学習を始める。

④成人は日々の生活課題を解決するために学習するので、学習した成果をすぐに応用しようとする。このため、学習の中心は問題解決的な学習である。

第 4 章　社会教育の意義と特質　79

　ただし、このような子どもと成人の学習の違いは程度の差にすぎないと考えられている。実際に、子どもの学習の中にも成人の学習の特徴で示したような学習が取り入れられているし、成人の学習でも子どもの学習の特徴で示したような学習が行われている。

３．高齢者教育

(1)　高齢者教育の意義

　平均寿命が延び、人生100年時代と言われている。2018（平成30）年10月現在の我が国の高齢化率（総人口に占める65歳以上人口の割合）は、『令和元年版高齢社会白書』によると28.1％となっており、定年退職後の人生をどのように充実させ、社会の活性化を確保するかが課題となっている。

　高齢者が楽しく生きがいを持って学習したりスポーツをしたりすることは健康維持にも効果があることが既に証明されているし、少子高齢社会にあっては[3]高齢者が社会参画し、地域の担い手として活躍することが社会の活性化のためにも求められている。

(2)　社会教育の中の高齢者教育

　高齢者を対象とした社会教育事業としては、高齢者学級、寿大学・大学院、長寿学園などがあげられる。例えば寿大学・大学院では、一定の学習を行えば修了証が取得できるようになっている。その他にも、高齢者対象のパソコン教室やボランティア活動等に関わる講座、歴史、人生、文学等の教養に関する講座や趣味・スポーツ活動に関する講座なども開設されている。

注

（1）　梅津八三・相良守次・宮城音弥・依田新監修『新版心理学事典』平凡社、1981

（昭和56）年、3頁左、本明寛監修『評価・診断　心理学辞典』実務教育出版、1989（平成元）年、3頁左などを参照のこと。

（2）　山本恒夫「生涯学習の意義」、山本恒夫・浅井経子・手打明敏・伊藤俊夫『生涯学習の設計』実務教育出版、1995（平成7）年、9～16頁、池田秀男「成人教育学の原理」池田秀男・三浦清一郎・山本恒夫・浅井経子『成人教育の理解』実務教育出版、1987（昭和62）年、19～29頁などを参照。

（3）　国立教育会館社会教育研修所『高齢者の学習社会参加活動の国際比較』（1997（平成9）年）は学習が高齢者の健康や生活の張りなどに効果があることを調査データを使って明らかにしている。

参考文献

- 日本生涯教育学会『生涯学習研究 e 事典』http://ejiten.javea.or.jp/
- 浅井経子・伊藤康志・原義彦・山本恒夫編著『生涯学習支援の道具箱』2019（平成31）年
- 国立教育政策研究所社会教育実践研究センター『二訂　生涯学習概論ハンドブック』、2018（平成30）年
- 浅井経子・合田隆史・原義彦・山本恒夫編著『地域をコーディネートする社会教育―新社会教育計画―』理想社、2015（平成27）年
- 国立教育政策研究所社会教育実践研究センター『社会教育計画ハンドブック』、2009（平成21）年
- 井内慶次郎・山本恒夫・浅井経子『改訂　社会教育法解説』（第3版）全日本社会教育連合会、2008（平成20）年
- 山本恒夫・浅井経子・渋谷英章編著『生涯学習論』文憲堂、2007（平成19）年
- 山本恒夫・蛭田道春・浅井経子・山本和人編著『社会教育計画』文憲堂、2007（平成19）年
- 山本恒夫・浅井経子『生涯学習［答申］ハンドブック―目標、計画づくり、実践への活用―』文憲堂、2004（平成16）年
- 山本恒夫・浅井経子・手打明敏・伊藤俊夫『生涯学習の設計』実務教育出版、1995（平成7）年

第5章　社会教育の内容、方法・形態

(第1節) 社会教育の内容

1．社会教育活動の内容領域と学習ニーズ

　主要な社会教育活動の内容を示すものとして、文部科学省主管『社会教育調査』（指定統計第83号）による学級講座の内容分類がある。**表5-1**はその内容分類に基いて教育委員会・公民館（類似施設を含む）・青少年教育施設・女性教育施設・生涯学習センターの学級講座数の推移を示したものである。

表5-1　学習内容別に見た学級講座数の変化
──教育委員会、公民館（類似施設を含む）、青少年教育施設、女性教育施設、生涯学習センター──

上：実数、　（　）内：その年度の総数を100としたときの比

調査年度	計	教養の向上	趣味・けいこごと	体育レクリエーション	家庭教育家庭生活	職業知識技術の向上	市民意識社会連帯意識	指導者養成	その他
1998年（平成10）	399,221 (100.0)	99,658 (25.0)	126,828 (31.8)	56,382 (14.1)	55,765 (14.0)	8,389 (2.1)	31,073 (7.8)	— (—)	21,126 (5.3)
2001年（平成13）	543,063 (100.0)	122,763 (22.6)	160,682 (29.6)	72,984 (13.4)	66,767 (12.3)	59,481＊ (11.0)	31,584 (5.8)	— (—)	28,802 (5.3)
2004年（平成16）	617,378 (100.0)	132,544 (21.5)	219,992 (35.6)	82,716 (13.4)	80,019 (13.0)	28,644 (4.6)	38,298 (6.2)	— (—)	35,165 (5.7)
2007年（平成19）	657,000 (100.0)	57,749 (8.8)	264,153 (40.1)	106,389 (16.2)	148,678 (22.6)	6,121 (1.0)	54,433 (8.3)	6,960 (1.1)	12,517 (1.9)
2010年（平成22）	551,360 (100.0)	53,003 (9.6)	212,518 (38.5)	93,449 (17.0)	124,506 (22.6)	5,867 (1.1)	43,036 (7.8)	6,109 (1.1)	12,872 (2.3)
2014年（平成26）	531,568 (100.0)	60,396 (11.4)	193,475 (36.4)	94,925 (17.9)	125,549 (23.6)	4,463 (0.8)	39,009 (7.3)	5,626 (1.1)	8,125 (1.5)

社会教育調査より。1998年、2001年、2004年調査では生涯学習センターが含まれていない。
＊2001（平成13）年にＩＴ講習会が景気対策として全国展開し、それが「職業知識技術の向上」にカウントされている。

一方、人々の生涯学習について調査したものに内閣府の『生涯学習に関する世論調査』があり、2018年（平成30）年には成人がどのような内容を学習したいと思っているかを調査している。同調査では学習率は58.4%、学習希望率は82.3%となっているが、どのような領域に学習ニーズがあるかを次に見てみることにしよう[1]（比率は有効回収数を100としたもの。複数回答）。

- 趣味的なもの（音楽、美術、華道、舞踊、書道など）……39.3%
- 健康・スポーツ（健康法、医学、栄養、ジョギング、水泳など）……34.0%
- 職業上必要な知識・技能（仕事に関係のある知識の習得や資格の取得など）……31.1%
- 家庭生活に役立つ技能（料理、洋裁、和裁、編み物など）……23.4%
- 教養的なもの（文学、歴史、科学、語学など）……22.6%
- インターネットに関すること（プログラムの使い方、ホームページの作り方など）……17.8%
- 社会問題（社会・時事、国際、環境など）……15.4%
- 育児・教育（家庭教育、幼児教育、教育問題など）……13.0%
- ボランティア活動やそのために必要な知識・技能……11.0%
- 自然体験や生活体験などの体験活動……10.4%
- その他……0.5%

これらの調査結果を見ると、社会教育行政・施設が開設している学級講座は「教養の向上」と「趣味・けいこごと」といった領域で50%前後を占めており、一方、先に見たように学習ニーズも趣味や健康・スポーツ領域で高い。人々が心身ともに健康で、かつ充実感をもって生活することは大事なことであるので、それ自体は悪いことではないが、近年の財政難の中にあっては、公費で行う事業の場合もっと公共性のある事業を行うべきだという声があがっている。

２．「現代的課題」に関する学習機会の提供

　30年前、高度経済成長を達成し、物質的豊かさを手に入れた国民は精神的な豊かさを求めて学習する傾向を強めていた。後の教育政策に影響を残した臨時教育審議会は自由化路線、個人尊重を打ち出し、生涯学習政策にあっても個人のニーズに対応することが最優先の課題とされた。

　そのような中で、行政責任として社会の課題等に応える必要があるとして打ち出されたものが、1992（平成４）年の生涯学習審議会答申『今後の社会の動向に対応した生涯学習の振興方策について』であった。この答申では現代的課題に関する学習機会の充実やボランティア活動の支援・推進が取り上げられた。現代的課題の学習機会についてでは、学習機会を提供する際の観点として「豊かな人間性」、「社会性・公共性」、「現代性・緊急性」があげられ、次のように述べられている。

　　　　今日のわが国の社会は、……（略）……科学技術の高度化、情報化、国際化、高齢化等の進展等により、急激な変化を遂げつつある。そのことが人間の生き方、価値観、行動様式を変化させ、従来の生き方、価値観、行動様式が時代の要請するものとそぐわなくなっている。このようなことから、地球環境の保全、国際理解等の世界的な課題をはじめ、高齢化社会への対応、男女共同参画型社会の形成等、人々が社会生活を営む上で、理解し、体得しておくことが望まれる課題が増大している。

　具体的な課題として、「生命、健康、人権、豊かな人間性、家庭・家族、消費者問題、地域の連帯、まちづくり、交通問題、高齢化社会、男女共同参画型社会、科学技術、情報の活用、知的所有権、国際理解、国際貢献・開発援助、人口・食糧、環境、資源・エネルギー等」があげられた。

　上述したように、教養・趣味的な学習に対する人々のニーズは強く、現代的

課題の学習機会を開設しても人は集まらないといった状況が各地で見られる。しかし、既にこの答申が出されてから長い月日が流れているが、第3章第4節で述べた「個人の需要と社会の要請のバランス」の観点からも今後の社会教育の在り方を考える上で検討に値するものがある。この場合「社会の要請」には先に述べたように公費で行う事業ではもっと公共性のある事業を行うべきという声が含まれていることは言うまでもない。

3. まちづくりに関する学習機会の提供

社会教育事業でよく取り上げられる内容にまちづくりがある。まちづくりは上述した現代的課題の中にも位置付けられているが、都市化によって地域社会が崩壊したため、地域住民の参画・参加によって地域の人々のつながりを取り戻し、活力ある地域社会を再生することをねらいとしている。

まちづくりの構造は人づくり、地域づくりに大別される。生涯学習との関係で言えば、生涯学習は人づくりに関わるものであるし、その中でもその地域が抱える課題についての学習や学習成果を生かして地域活動やボランティア活動をすること（学習成果の活用）は地域づくりに関わるものである（図5-1）。社会教育領域でも、生涯学習の啓発、地域課題に取り組む講座、ボランティアの養成・研修等が行われている。もちろん、地域づくりには、このほか下水道、道路、情報通信回線などの生活基盤の整備といった面もあるが、それらは教育・学習に直接的な関係はないと言ってよいであろう。

実態を見ると、まちづくりに関わる課題に様々な地域が取り組んだが、地域の崩壊に歯止めをかけることは難しかった。近年は、地域の教育力向上の観点から学社連携・融合、学校支援、地域学校協働、子どもプラン等による子ども支援の施策を通して地域の再生に取り組む傾向が見られる（第10章第4節参照）。また、多様な価値観を尊重し、障がい者、高齢者、外国人移住者などの制度的に恩恵を受けにくい人々を支援しともに生きるという社会的包摂（social

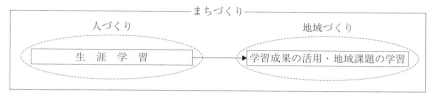

図5-1　まちづくりと生涯学習の関係

inclusion)の観点や持続可能な社会の形成といった観点に立ち、あらゆる人々に対して、かつ将来の人々や社会に対して責任を持つまちづくり、地域づくりも進められている。

4．ボランティア活動に関する学習機会の提供

　先に取り上げた内閣府『生涯学習に関する世論調査』の結果を見てみると、「ボランティア活動やそのために必要な知識・技能」の学習ニーズの比率は11.0％で、決して高くはないが、最近では災害ボランティアの活躍がニュースになるなどボランティア活動に対する関心が高まっている。社会教育領域でも学習機会を提供したり活動の機会を提供・紹介したりして、ボランティア活動の支援が行われている。

　ボランティア活動とは、自発的意志で報酬を目的とせずに、自分の持つ知識・技術、労力、時間等を社会や他者のために提供する活動である。ただし、他者の中には家族、親族、友人等の特定の人は含まれない。ボランティアの基本理念として、1992（平成4）年の生涯学習審議会答申は、自発（自由意思）性、無償（無給）性、公共（公益）性、先駆（開発、発展）性をあげている。

　このようなボランティア活動と生涯学習との関係については、両者は異なるものではあるが、本書第1章で述べたように、生涯学習をファジイ概念で捉えれば、生涯学習はボランティア活動の中でも行われるという関係がある。例えば手話や点字のボランティア活動を行うためには手話や点字の知識・技術を身

に付けなければならないし、日頃学習した成果を生かしてボランティア活動を行い学習の深化を図るということもある。両者の関係について、1992（平成4）年の生涯学習審議会答申は次のように述べている。

　　　第1は、ボランティア活動そのものが自己開発、自己実現につながる生涯学習となるという視点、第2は、ボランティア活動を行うために必要な知識・技術を習得するための学習として生涯学習があり、学習の成果を生かし、深める実践としてボランティア活動があるという視点、第3は、人々の生涯学習を支援するボランティア活動によって、生涯学習の振興が一層図られるという視点である。これらの三つの視点は、実際の諸活動の上で相互に関連するものである。

　近年、生きがいを求めて学習をする人が増えているが、自己満足型の学習では生きがいが求められない場合が多く、学習成果を生かしたボランティア活動に対するニーズが高まっている。社会や他者に認められたり、賞賛されたり、喜ばれたりすることによって、自己の存在の意味を確認でき、それが生きがいにつながるので、学習成果を社会や他者のために役立てたいと望むようになるのであろう。

5．ＩＣＴ関係の社会教育
　ＩＣＴとは情報通信技術（Information and Communication Technology）のことで、一般にはＩＴ（Information Technology）と言われているが、教育・学習領域ではコミュニケーションの重要性を強調してＩＣＴを使うことが多い。
　デジタルデバイドをなくすため、高齢者や障がい者のためのパソコン・スマホ教室が行われたり、地域のパソコンクラブによる学習会等が地域の人々を対象として開かれたりしている。デジタルデバイド（digital divide）とは、一般

に情報格差と言われているが、性、年齢、所得、教育レベル、心身の障害、地域等の理由で、情報機器の活用能力やインターネットへのアクセスの機会に差が生じ、そのため入手する情報量にも格差が生まれ、ひいては収入や生活の仕方に差ができてしまうことを言う。

またeラーニング・システムを導入した講座等が大学や民間教育機関で開設されており、コンテンツもつくられている。コンテンツは今後ますます重要視されるようになると考えられるため、日頃の学習成果を生かして価値あるコンテンツづくりに挑戦できるようなコンテンツ作成技術に関わる学習機会も求められるようになるであろう。さらに、著作権や情報モラル等に関する学習機会の提供に取り組むことも必要とされるに違いない。

（第2節）社会教育の方法・形態

1．社会教育の方法・形態

社会教育は、柔軟性と多様性に富んでおり、内容との深い関わりを持ちながら様々な方法や形態で展開されている。

方法は、教育・学習活動を展開する形態とも密接に結び付いていて、分けたり切り離したりすることができない関係にあるため、単に方法と言わず、方法・形態と言われることも多い。また、社会教育では、人々の学習を支援するということを強調するために、社会教育の方法と言いながら、学習の方法ないしは学習支援の方法という言葉を使うことも多い。

このように社会教育では、方法と形態について明確に区別することは難しいが、1971（昭和46）年の社会教育審議会答申『急激な社会構造の変化に対処する社会教育のあり方について』では、社会教育で行われる様々な学習の形態を大きく二つに分け、「複数の人々が集合して進める形態と、個人で進める形態とがある。」としている。

ここでは、学習者の学習及び参加（集まり方）の観点から、その中で用いら

れる方法について示すこととする。

なお、方法・形態の中から方法だけを取り出せば、講義、演習、実習、見学、話し合い、ロールプレイングなどがあげられるが、その多くは必ずしも社会教育に固有の方法ではない。

(1) 個人学習

個人がある学習目的を達成するために、意図を持って計画的・継続的に主として学習媒体を用いて「ひとり」で学習する形態を「個人学習」と言う。

個人学習の特質は、何と言っても学習者がそれぞれ持っている問題や関心をそのまま取り上げ、自分で好きな方法を選んで自分のペースで学習を進めることができる点にある。個人学習では、学習者の能力や必要に応じて、どのようなテーマ、内容でも取り上げることができる。

こうした個人学習には、「施設利用学習」、「メディア利用学習」などがある。なお、稽古ごとや家庭教師など個人単位で直接指導を受ける「個人教授」を加える場合もある。

①施設利用学習

個人が公民館や図書館、博物館をはじめとする社会教育施設等の学習資源を利用して計画的に行う学習である。公民館は、主に市町村内の中学校区といった地域に設置され、地域住民は自由に利用することができる。また、図書館・博物館では、図書の利用や展示資料に接して学習を深めることができる。

②メディア利用学習

メディア利用学習には、学習を進める教材・道具として利用する場合と、メディアにより提供される遠隔教育・学習として行われる場合がある。当然、両者を併せ持つ場合もある。前者の例は、書籍・雑誌・新聞などの紙媒体や、放送を録音・録画した視聴覚教材など、多様なものが提供されている。後者の例と

しては、通信手段を用いて添削指導等を受けながら行う通信教育や、テレビ・ラジオなどの放送メディアを効果的に活用した放送大学などがある。情報通信技術の進展に伴い、近年では、インターネットを利用した学習が普及してきている。

(2) 集合学習

複数の学習者が特定の場所に集合して学ぶ学習形態を「集合学習」と言い、「個人学習」と対比される。集合学習は、一般的にいって講演会や展示会などを通じて行われる集会学習と、相互学習、共同学習などを行うことを主要な活動内容とする集団学習の二つの学習形態に分けることができる。換言すると、集合学習は、集会学習と集団学習を包含する上位概念と言える。

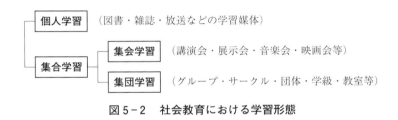

図5-2　社会教育における学習形態

集合学習は、個人学習と比較すると次の点でメリットがあると考えられている。

i　情報の入手や交換がしやすい
ii　学習の動機付けがしやすい
iii　感情の浄化作用や仲間意識の形成が比較的容易である
iv　相互援助により技術を身に付けやすい
v　理解や認識を深化できる

vi 社会的態度の形成に役立つ

vii 態度変容や意思決定にも有効である

viii 共同実践へ進むことも可能である

　列記されたメリットを概観すると、個人学習と比較して学習効果の面では、集合学習がまさるように見えるが、こうした効果は、集まった人々の人間関係や資質及びリーダーの力量、さらには学習内容、集団形成過程等が大きく関係するので、このような条件が適切に満たされたとき、初めて効果が表れる。以下、集会学習と集団学習について解説する。

　①集会学習

　集会学習は、講演会、音楽会、映写会、展示会など、そのときだけ集まってきた人々によって学習集団が成り立つ場合の学習である。この学習をやや組織立てて行うものとして、シンポジウムやパネルフォーラム、レクチャーフォーラム等の集団討議法があり、日常的に交流があるわけではないが、同じ関心を持つ参加者として、その場での意見交換が行われることもある。

　②集団学習

　集団学習は、グループ・サークルなど団体や組織という形態を持ち、継続的な人間関係が持続する中で行われる学習である。集団学習を大別すると、主に社会教育学級・講座での学習活動、社会教育関係の団体活動、施設における集団学習に分けられる。学級・講座は少年、青年、成人一般等の対象別に開設される学級・講座と内容領域別に開設される家庭教育学級やボランティア講座等がある。また、団体活動としては、地域を基盤とするものとして、子ども会、青年団、女性団体等があり、学校・職場・職域を基盤とするものの代表的な団体としてPTAがある。さらに、同好による組織として、スポーツ少年団、ボー

イスカウト、ガールスカウトなどがある。施設における集団学習としては、少年自然の家、青年の家、女性教育施設などでの集団学習がある。

　集団は、一般的には2人以上である程度組織化された人間の集まりと定義される。しかし、2人以上が一緒に時間と空間を共有したとしても、何らの対話もないとすれば、それは単なる物理的な共存にすぎない。集団には、集団として成立するために、備えていなければならない次のような条件がある。

　　ⅰ　メンバーに目標についての共通理解があること。
　　ⅱ　メンバー間に心理的な結び付きがあること。
　　ⅲ　メンバーに集団への帰属意識があること。
　　ⅳ　メンバーに集団内での役割分担があること。
　　ⅴ　メンバーの個人的要求についての充足感があること。

　集団による学習は、相互に学びあう特徴を持っており、お互いが教えたり、教えられたりという双方向のコミュニケーションの対話学習である。その特徴は、教師が一方的に教え込むという注入方式ではなく、相互に刺激し合って自分にとって必要なものを各自が選んで学習していくという方法である。このようにメンバーの相互作用によって、集団が進化発展していくプロセスこそが、集団学習の特徴と言える。

２．学習の実態

　実際に学習者はどのような方法・形態を実践しているのか。ここでは、2018（平成30）年7月に内閣府が実施した「生涯学習に関する世論調査」[2]で概観する（**図5−3**）。

　この1年くらいの間に、どのような場所や形態で学習をしたことがあるか聞いたところ、「学習したことがある」とする者の割合が58.4％であり、その内

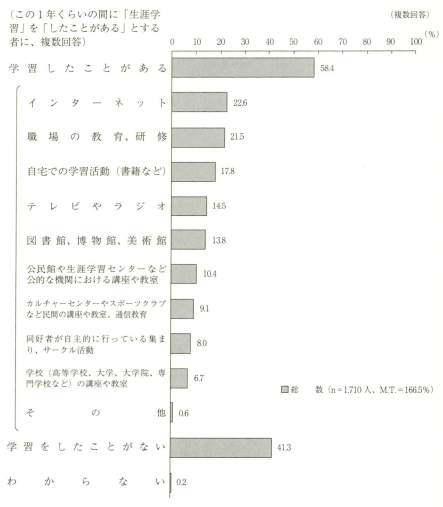

図 5-3　この 1 年間の生涯学習の形式

「生涯学習に関する世論調査」内閣府2018（平成30）年

容としては、「インターネット」をあげた者の割合が22.6％、「職場の教育、研修」をあげた者の割合が21.5％と高く、以下、「自宅での学習活動（書籍など）」（17.8％）、「テレビやラジオ」（14.5％）、「図書館、博物館、美術館」（13.8％）などの順となっている。

　性別に見ると、「インターネット」、「職場の教育、研修」をあげた者の割合は、女性よりも男性で高くなっている。一方、女性は「カルチャーセンターやスポーツクラブなど民間の講座や教室、通信教育」、「公民館や生涯学習センターなど公的な機関における講座や教室」などで男性よりも高くなっている。

　年齢別に見ると、「学習したことがある」とする者の割合は、「18〜29歳」が最も高く、次いで「30〜39歳」、「40〜49歳」、「50〜59歳」の順となっており、年齢とともに減少している。形態については、「インターネット」、「職場の教育、研修」をあげた者の割合は「18〜29歳」から「50歳代」で高くなっている。一方、「60〜69歳」、「70歳以上」については、「公民館や生涯学習センターなど公的な機関における講座や教室」が他の年代に比して高くなっている。また、「テレビやラジオ」をあげた者の割合は「50〜59歳」で、「図書館、博物館、美術館」をあげた者の割合は「18〜29歳」で、それぞれ高くなっている。

　これまでの調査と設問が変わっているため単純比較はできないが、「インターネット」をあげた者の割合は、1988（昭和63）年から計8回の調査で過去最高となっている。こうした背景には、ＩＣＴ（Information and Communication Technology）の進展に伴うeラーニングなどのシステム開発により、個人学習のツールがこれまで以上に多くなっていることなどが考えられる。

3．ＩＣＴの進展に伴うこれからの方法・形態

　ＩＣＴの急激な進展は、生涯学習・社会教育の領域においても、新たな学習方法・形態を形成しつつある。中でも、1990年代より現れた情報技術によるコミュニケーション・ネットワーク等を使った主体的な学習「eラーニング」は、

個人的なスキルアップのための学習のみならず企業内教育や、大学の正規授業など、様々な分野で導入されるようになってきた。eラーニングには、学習者にとって、以下のメリットがある。

【学習者のメリット】
①場所・時間に制約を受けることなく、自由な時間、場所で学習できる。
②自分の習熟度、理解度に応じて学習を進めることができる。
③動画・音声・文書等の活用により、視覚聴覚的に理解しやすい。
④学習管理システムで進捗状況を確認できる。

しかし、メリットだけではなくデメリットがあることも忘れてはならない。特に、eラーニングにおけるモチベーション維持には、工夫が必要である。
　場所や時間にとらわれることなく学習できることがeラーニングのメリットではあるが、「一人ではやる気が出ない」、「多忙を理由に学習しない」など、途中でドロップアウトしてしまうことのないよう配慮することが必要である。

第3節　社会教育関係団体（NPOを含む）

1．社会教育関係団体の定義

　社会教育関係団体とは、社会教育法第十条で「法人であると否とを問わず、公の支配に属しない団体で社会教育に関する事業を行うことを主たる目的とするもの」と規定されている。この条文は、3つの視点で捉えることができる。
　「法人であると否とを問わないこと」については、民法法人（社団法人、財団法人）だけではなく、その他の任意団体も広く含まれるということを示している。また、「公の支配に属しないこと」の「公」とは、国または地方公共団体を意味し、それらに属する行政機関や公の施設等も含まれる。「公の支配」とは、

第5章　社会教育の内容、方法・形態　95

組織、人事、事業、財政等について、国あるいは地方公共団体の特別の監督関係のもとに置かれていることを言い、社会教育関係団体として位置付けるためには、こうした関係にあるものではなく、干渉、支配されることなく、自主的に行われることが基本的な要件となる。

　さらに、「社会教育に関する事業を主目的とすること」の「社会教育に関する事業」とは、社会教育法第二条で規定する「社会教育」（学校の教育課程として行われる教育活動を除き、主として青少年及び成人に対して行われる組織的な教育活動であり、体育及びレクリエーションの活動も含む）の事業だけではなく、それ以外の社会教育に関する周辺の事業（社会教育の普及、向上のための事業、社会教育関係団体間の連絡調整の事業、機関誌の発行等による宣伝啓発の事業、社会教育に関して相談に応ずる事業、資料展示会・競技会の開催など）までも含め、これらを主たる目的として行う団体が、社会教育関係団体としている。

2．社会教育関係団体と国・地方公共団体との関係

　社会教育関係団体と国・地方公共団体との関係については、社会教育法第十一条で「文部科学大臣及び教育委員会は、社会教育関係団体の求めに応じ、これに対し、専門的技術的指導又は助言を与えることができる。」、「文部科学大臣及び教育委員会は、社会教育関係団体の求めに応じ、これに対し、社会教育に関する事業に必要な物資の確保につき援助を行う。」と規定している。これは、社会教育関係団体が主体的な活動を行う民間団体であることを考慮した内容で、文部科学大臣及び教育委員会は団体の求めがあれば必要な指導、助言及び物資の援助を行うが、求めがない場合は関与してはならないことを明らかにしている。

　また、同法第十二条では、「国及び地方公共団体は、社会教育関係団体に対し、いかなる方法によっても、不当に統制的支配を及ぼし、又はその事業に干渉を

加えてはならない。」と規定しており、国及び地方公共団体が、社会教育関係団体に対し、不当な支配や干渉の禁止を明記している。

さらに、同法第十三条では、「国又は地方公共団体が社会教育関係団体に対し補助金を交付しようとする場合には、あらかじめ、国にあっては文部科学大臣が審議会等で政令に定めるものの、地方公共団体にあっては教育委員会が社会教育委員の会議（社会教育委員が置かれていない場合には、条例で定めるところにより社会教育に係る補助金の交付に関する事項を調査審議する審議会その他の合議制の機関）の意見を聴いて行わなければならない」と規定し、社会教育の振興のために、審議会等や社会教育委員の会議の意見を聴くことを条件に、補助金を交付することが認められている。

団体への補助金は、昭和34（1959）年の社会教育法の改正までは禁止されていた。これは「公金その他の公の財産は、宗教上の組織若しくは団体の使用、便益若しくは維持のため、又は公の支配に属しない慈善、教育若しくは博愛の事業に対し、これを支出し、又はその利用に供してはならない」という憲法第八十九条の規定に基づくものであり、社会教育法第十二条の不当な統制的支配や事業に干渉を行わないという「ノーコントロールの原則」と同時に「ノーサポートの原則」に立つものであった。

しかし、改正時には、憲法に抵触するのではないかという議論もあったが、憲法第89条の「教育の事業」に該当しない事業に対して補助金を交付しうるという解釈で落ち着いた。この「教育の事業」に該当しない事業については、昭和34（1959）年に社会教育審議会は、補助対象とする団体の範囲、補助事業の範囲、補助対象とする経費の範囲及び限度、地方の社会教育関係団体に対する補助の取扱等について答申しており、補助事業の範囲として、次のようなものをあげている。

ア　図書、記録、視聴覚教育の資料等を収集し、作成しまたは提供する事業

イ　社会教育の普及、向上または奨励のための援助、助言の事業

ウ　社会教育関係団体間の連絡調整の事業

エ　機関紙の発行、資料の作成配布の方法による社会教育に関する宣伝啓発の事業

オ　体育、運動競技またはレクリエーションに関する催しの開催、またはこれに参加する事業

カ　社会教育に関する研究調査の事業

キ　社会教育施設の建設及び設備の整備に関する事業

ク　その他社会教育の振興に寄与する公共的意義ある適切な事業

　このように第十三条の規定が変わっても、第十二条に規定するノーコントロールの原則を堅持すべきは当然であって、補助金の交付によって社会教育関係団体に対する不当な統制的支配や事業の干渉等があってはならないことは言うまでもない。

３．社会教育関係団体の分類と活動

　社会教育関係団体には、一緒に学びたい仲間が緩やかにつながり集まる学習グループから青少年団体、成人団体をはじめ、社会通信教育団体、体育・レクリエーション団体、芸術文化団体などがあり、その実態はきわめて多岐にわたる。

　1971（昭和46）年の社会教育審議会答申では、社会教育関係団体を三つに分類している。

　一つは、「構成員の学習・向上を図ることに重点を置く団体」である。その中でも、結成基盤を地域に置く団体には、子ども会、地域青年団、ＰＴＡ（父母と先生の会）などがあり、全国的な連絡組織もある。また、必ずしも地域をその結成の基盤とせず、その目的も多種多様なのが有志的団体である。構成員は

地域的な団体に比べて一般的に少なく、少数の人々による同好的グループなどが多い。

二つは、「構成員の学習、向上とともに対外的な社会教育事業を行う団体」である。特定の構成員で組織されており、構成員の学習・向上とともに、対外的な社会教育事業の展開を重視している。

三つは、「もっぱら対外的な事業を行う団体」である。社会教育に関する一般的な振興事業を実施する団体、文部科学省認定の社会通信教育の振興を図るための団体、知識・技能の審査事業を実施する団体、社会教育施設の振興を図るための団体、体育・レクリエーションの振興を図るための団体などがある。

このように多種多様な活動を展開する社会教育関係団体であるが、全国的な活動を展開している社会教育団体が集まり、日本の社会教育振興のために活動している組織として、「社会教育団体振興協議会」がある。2018（平成30）年現在20団体が所属し、交流や親睦により団体間の協力体制を構築するとともに、文部科学省との連携も図り、社会教育の振興及び活性化に努めている。

4．ＮＰＯによる社会教育の推進[3]

（1）　ＮＰＯとＮＰＯ法人

「ＮＰＯ」とは「Non-Profit Organization」又は「Not-for-Profit Organization」の略称で、様々な社会貢献活動を行い、団体の構成員に対し、収益を分配することを目的としない団体の総称である。ＮＰＯは、法人格の有無を問わず、様々な分野（福祉、教育・文化、まちづくり、環境、国際協力など）で、社会の多様化したニーズに応える重要な役割を果たすことが期待されている。このうち、特定非営利活動促進法に基づき法人格を取得した法人を、「特定非営利活動法人（ＮＰＯ法人）」と言う。ＮＰＯ法人は、法人格を持つことによって、法人の名の下に取引等を行うことができるようになり、団体名義での契約締結や土地の登記など、団体がいわゆる「権利能力の主体」となり、団体自身の名義

において権利義務の関係を処理することができるようになる。ＮＰＯ法人を設立するためには、所轄庁（原則として主たる事務所が所在する都道府県、その事務所が一の指定都市の区域内のみに所在する場合は、当該指定都市）に申請をして設立の「認証」を受けることが必要である。認証後は、登記することにより法人として成立する。

(2)特定非営利活動としての「社会教育の推進」

　1998（平成10）年12月に施行された特定非営利活動促進法は、特定非営利活動を行う団体に法人格を付与すること等により、ボランティア活動をはじめとする市民の自由な社会貢献活動としての特定非営利活動の健全な発展を促進することを目的としている。ここで言う特定非営利活動とは、以下の20種類の分野に該当する活動であり、不特定かつ多数のものの利益に寄与することを目的とするものである。「社会教育の推進」も特定非営利活動の一つとして示されている。

　①保健、医療又は福祉の増進を図る活動、②社会教育の推進を図る活動、③まちづくりの推進を図る活動、④観光の振興を図る活動、⑤農山漁村又は中山間地域の振興を図る活動、⑥学術、文化、芸術又はスポーツの振興を図る活動、⑦環境の保全を図る活動、⑧災害救援活動、⑨地域安全活動、⑩人権の擁護又は平和の推進を図る活動、⑪国際協力の活動、⑫男女共同参画社会の形成の促進を図る活動、⑬子どもの健全育成を図る活動、⑭情報化社会の発展を図る活動、⑮科学技術の振興を図る活動、⑯経済活動の活性化を図る活動、⑰職業能力の開発又は雇用機会の拡充を支援する活動、⑱消費者の保護を図る活動、⑲前各号に掲げる活動を行う団体の運営又は活動に関する連絡、助言又は援助の活動、⑳前各号に掲げる活動に準ずる活動として都道府県又は指定都市の条例で定める活動

　特定非営利活動法人の認定数は、2011（平成23）年改正法の施行後急速に増

加している。2018（平成30）年10月末現在の認証法人数は、51,697件となっている。また、定款に記載された特定非営利活動の種類（複数回答）別に見ると、「保健、医療又は福祉の増進を図る活動」が最も多く、次いで「社会教育の推進を図る活動」となっている。

　ＮＰＯは、社会の動きに即応し、行政では対応困難な課題に対して柔軟に対応できるという点に優れており、社会教育分野においても地域課題の解決等に寄せる期待は大きい。

注
（１）　内閣府大臣官房政府広報室『生涯学習に関する世論調査』（世論調査報告書　2018（平成30）年７月調査）。
（２）　『生涯学習に関する世論調査』同上
（３）　内閣府ＮＰＯホームページ　https://www.npo-homepage.go.jp/
　　　　内閣府政策統括官（経済社会システム担当）付参事官（共助社会づくり推進担当）

参考文献
- 日本生涯教育学会『生涯学習研究ｅ事典』http://ejiten.javea.or.jp/
- 浅井経子・伊藤康志・原義彦・山本恒夫編著『生涯学習支援の道具箱』一般財団法人社会通信教育協会、2019（平成31）年
- 今西幸蔵『協働型社会と地域生涯学習支援』法律文化社、2018（平成30）年
- 国立教育政策研究所社会教育実践研究センター『二訂　生涯学習概論ハンドブック』、2018（平成30）年
- 一般財団法人 社会通信教育協会『生涯学習コーディネーター 新支援技法 研修』（通信教育テキスト）、2014（平成26）年
- 浅井経子編著　「生涯学習概論―生涯学習社会への道―」理想社　2010年
- 一般財団法人 社会通信教育協会『生涯学習コーディネーター 研修』（通信教育テキスト）、2009（平成21）年
- 国立教育政策研究所社会教育実践研究センター　『社会教育計画ハンドブック』、2009（平成21）年

第 5 章　社会教育の内容、方法・形態　101

- 井内慶次郎・山本恒夫・浅井経子著　「改定社会教育法解説」財団法人全日本社会教育連合会　2008（平成20）年
- 山本恒夫・浅井経子・渋谷英章編著『生涯学習論』文憲堂、2007（平成19）年
- 山本恒夫・蛭田道春・浅井経子・山本和人編著『社会教育計画』文憲堂、2007（平成19）年
- 山本恒夫・浅井経子『生涯学習［答申］ハンドブック―目標、計画づくり、実践への活用―』文憲堂、2004（平成16）年
- 山本恒夫・浅井経子・伊藤康志編著『生涯学習［ｅソサエティ］ハンドブック―地域で役立つメディア活用の発想とポイント―』文憲堂、2004（平成16）年
- 山本恒夫・浅井経子・手打明敏・伊藤俊夫『生涯学習の設計』実務教育出版、2003（平成 7 ）年。
- 社会教育団体振興協議会　http://syakaikyoiku.com/about/

第6章　社会教育関係の指導者

第1節　社会教育主事

1．社会教育主事に関する規定

　社会教育主事は、地方自治体の教育委員会事務局に置かれる専門的教育職員である。その根拠となる規定は、社会教育法第九条の二「都道府県及び市町村の教育委員会の事務局に、社会教育主事を置く。」、及び、教育公務員特例法第二条5「この法律で『専門的教育職員』とは、指導主事及び社会教育主事をいう。」である。

　社会教育主事の職務については、社会教育法第九条の三「社会教育主事は、社会教育を行う者に専門的技術的な助言と指導を与える。ただし、命令及び監督をしてはならない。」、及び、同九条の三2「社会教育主事は、学校が社会教育関係団体、地域住民その他の関係者の協力を得て教育活動を行う場合には、その求めに応じて、必要な助言を行うことができる。」と規定されている。

2．社会教育主事の職務

　社会教育主事の職務は、社会教育法第九条に示されている内容が基本となる。それは、すなわち、社会教育を行う者に専門的技術的な指導と助言を与えること、及び、学校が社会教育関係団体等の協力を得て教育活動を行う場合にその求めに応じて必要な助言を行うことである。

　前者に関しては、「社会教育行政の中核である社会教育主事の任務は、専門的技術的な助言及び指導を通じて、可能な限り、住民が地域で主体的に教育・学習活動に取り組むことができるよう条件整備を行い、奨励、援助を行うところに重点がある。」（中央教育審議会生涯学習分科会社会教育推進体制の在り方に

関するワーキンググループ「審議の整理」、2013（平成25）年）とあるように、その職務は住民の主体的な教育・学習活動を推進するための条件整備を通じた支援や援助である。この具体的な内容は、自治体における社会教育計画の策定や事業の立案に加え、そのための住民の学習ニーズや地域課題の把握、社会教育関係団体の活動に対する指導・助言、社会教育行政職員の研修事業の企画・実施などで、これは住民の教育・学習のための間接的な支援や環境醸成の役割であると言える。

　また、後者の同法第九条の三２にある学校の求めに応じた助言についての規定は、2008（平成20）年の社会教育法の改正により、新たに追加された内容である。学校教育と社会教育の連携協力の必要性はかねてより言われてきていたが、これにより社会教育の立場から学校教育への助言が可能となった。現在、地域学校協働活動が展開されていく中にあって、社会教育主事には、「地域と学校の協働活動が円滑に進むよう、地域コーディネーターや統括的なコーディネーターとなり得る人材を見いだし、育成したり、積極的に情報共有を図ったりすることが望まれる。」（中央教育審議会答申「新しい時代の教育や地方創生の実現に向けた学校と地域の連携・協働の在り方と今後の推進方策について」（2015（平成27）年）とされている。

　社会教育主事の職務は、このような社会教育法の規定から捉えられる内容とともに、地域や地域課題の変容、住民の学習ニーズの多様化などの現状に対応する観点からも考える必要がある。中央教育審議会「人口減少時代の新しい地域づくりに向けた社会教育の振興方策について（答申）」（2018（平成30）年）では、「今後、新たな地域づくりに向けた社会教育の振興を図っていくためには、各教育委員会における社会教育主事の配置の充実やネットワーク化とともに、社会教育主事が、単に教育委員会の枠内での業務にとどまらず、首長部局や社会教育に関わる様々な主体等も含め、広く社会教育に関する取組を積極的に支援するよう、学びのオーガナイザーとしての業務内容の高度化を図るなど、

総合的な視点に立った地域の社会教育振興に取り組むことが重要と考える。」と述べられており、社会教育主事には住民の学びを支援する役割を通じて新たな地域づくりを目指していくことが期待されている。

3．社会教育主事に求められる資質・能力

　これまでに見てきたように、社会教育主事は社会教育が果たす住民の学習の支援と地域づくりというねらいの実現に向けて必要な資質・能力が求められる。そのため、社会教育計画の立案、地域課題の把握、学習課題や学習ニーズの分析、社会教育事業計画の立案、地域人材の把握と育成、学習集団の組織化などの能力が必要なことはかねてより言われてきた。また、社会教育主事がこれらの職務を進めていくにあたっては、福祉、労働、産業、観光、まちづくり等の他の行政分野のほか、ＮＰＯ等の地域の多様な主体と連携していくこと、地域の人材や教育資源を結び付けていくことなどが必要であり、コミュニケーション能力、コーディネート能力、プレゼンテーション能力などが職務遂行の各所において求められる。

4．社会教育主事の配置と養成

　社会教育主事の全国における配置状況を見ると、配置数はその必要性が言われながら、1999（平成11）年度以降、調査年度ごとに減少する傾向にある（**表6－1**）。2015（平成27）年度には2,048人であり、1999（平成11）年度の状況の約３分の１になっている。減少の理由は、市町村合併や予算の削減などが考えられる。

　社会教育主事の配置の前提となるのが、社会教育主事の養成である。社会教育主事の養成については、社会教育法第九条の四に社会教育主事となるための資格要件が示されている。その一つに文部科学大臣の委嘱を受けた大学等が実施する社会教育主事講習の修了、あるいは大学において文部科学省令で定める

表6-1　社会教育主事の配置状況　　　　　　（人）

1999（平成11）年度	2002（平成14）年度	2005（平成17）年度	2008（平成20）年度	2011（平成23）年度	2015（平成27）年度
6,035	5,383	4,119	3,004	2,518	2,048

出典：文部科学省『平成27年度　社会教育調査報告書』

社会教育に関する科目の単位の習得があり、これに一定期間の実務経験等が必要な場合がある。

　2018（平成30）年2月、社会教育主事に必要な科目等を定めた文部科学省令が改正され、社会教育主事養成に必要な科目の見直しが行われた。科目の改正は、3．で示した社会教育主事に必要とされる資質・能力の育成に迅速に対応できるように、また、それによって社会教育主事に期待される役割を十分に果たしていけるようにすることを意図して行われたものである。これにより、2020（令和2）年度から、社会教育主事講習と大学の養成課程において、それぞれ新たな科目群で実施されることになった。社会教育主事講習では生涯学習概論、社会教育経営論、生涯学習支援論、社会教育演習（4科目8単位）、大学の養成課程では生涯学習概論、社会教育経営論、生涯学習支援論、社会教育特講、社会教育実習の必修科目（21単位）と社会教育演習、社会教育実習、社会教育課題研究からの選択科目（3単位）の習得が必要となった。このうち、社会教育経営論と生涯学習支援論は省令改正に合わせて新設された科目である。その主な内容として、社会教育経営論では社会教育行政の経営戦略や社会教育施設の経営戦略等が、また、生涯学習支援論では、効果的な学習支援方法や参加型学習の実際とファシリテーション技法等があげられている。

　また、この省令改正により、社会教育主事講習の修了者には「社会教育士（講習）」、大学において社会教育主事養成のための科目の全部を修得した者には「社会教育士（養成課程）」の称号が付与されることになった。これにより、社会教育主事講習や大学における規定の科目の習得の成果を社会教育主事に任用

されて生かすということに加え、社会教育主事には任用されない場合でも「社会教育士」を称することで地域における社会教育活動やまちづくり活動、ＮＰＯ等の活動などに幅広く生かしていくことへの期待と可能性が広がっている。

（第2節）図書館司書

1．司書・司書補とは

　司書・司書補は、『図書館法』第四条で、図書館に置かれる専門的職員であると定められている。司書は、図書館の専門的事務に従事し（第四条2項）、司書補は司書の職務を助ける（第四条3項）。ここで言う図書館とは、『図書館法』第二条で定義される図書館、つまり主には公立（公共）図書館を指す。広義の図書館には、この他に国立図書館、大学図書館、学校図書館、専門図書館という種類（館種と呼ぶ）があるが、これらの館種の図書館については、司書・司書補に関する法令上の規定はない。ただし、司書・司書補の養成上で得られる知識や技術は、公立（公共）図書館以外の館種の図書館業務で活用できることも多いため、採用の際に資格を求められる場合もある。なお、図書館の専門的事務について図書館法では明確に定義されていないが、第7章第3節で述べる図書館の目的及び図書館のサービスがその中心となる。

2．司書・司書補の養成

　司書の養成は、大学の授業および司書講習において行われている。『図書館法』第五条では、司書・司書補の資格について定められ、第六条では司書・司書補の講習について定められているが、詳細は次のとおりである。

　まず、次のいずれかに該当する者は、司書となる資格を有する（第五条1項）。

　一　大学を卒業した者で大学において文部科学省令で定める図書館に関する科目を履修したもの

二　大学又は高等専門学校を卒業した者で次条の規定による司書の講習を修了したもの

三　次に掲げる職にあつた期間が通算して三年以上になる者で次条の規定による司書の講習を修了したもの

　　イ　司書補の職

　　ロ　国立国会図書館又は大学若しくは高等専門学校の附属図書館における職で司書補の職に相当するもの

　　ハ　ロに掲げるもののほか、官公署、学校又は社会教育施設における職で社会教育主事、学芸員その他の司書補の職と同等以上の職として文部科学大臣が指定するもの

また、次のいずかに該当する者は、司書補となる資格を有する（第五条2項）。

一　司書の資格を有する者

二　学校教育法（昭和二十二年法律第二十六号）第九十条第一項の規定により大学に入学することのできる者で次条の規定による司書補の講習を修了したもの

　司書・司書補の資格を得ようとする者が、単位を修得しなければいけない科目（24単位）については、2009（平成21）年4月に改正、2012年（平成24）年4月に施行された『図書館法施行規則』（文部科学省令）に定められている。また、この改正の際に検討された、司書に求められる資質・能力、養成内容に必要な視点、各科目の設定の趣旨等は、2009（平成21）年2月に、これからの図書館の在り方検討協力者会議によって発表された『司書資格取得のために大学において履修すべき図書館に関する科目の在り方について（報告)』にまとめられている。

3．司書・司書補の配置と現状

　『図書館法』第十三条では、公立図書館に館長ならびに当該図書館を設置する地方公共団体の教育委員会が必要と認める専門的職員、事務職員及び技術職員を置くことが定められているが、これは専門的職員（司書・司書補）の必置を意味するものではない。

　2018（平成30）年現在の全国の公共図書館の専任職員数は10,046人で、そのうち司書・司書補は5,300人（専任職員数の約53%）である。ただし、図書館に勤務するのは専任職員のみではない。2015（平成27）年度『社会教育調査』によると、図書館職員の司書有資格者19,015人の内訳は、専任職員5,410人（28.5%）、兼任職員222人（1.2%）、非常勤職員9,593人（50.4%）、指定管理者3,790人（19.9%）であり、非常勤職員の割合が最も大きい。

第3節 博物館学芸員

1．博物館関係法における学芸員の規定

　博物館学芸員（以下、学芸員）とは、博物館に置かれる専門職員のことで、「博物館資料の収集、保管、展示及び調査研究その他これと関係する事業についての専門的事項をつかさどる」（博物館法第四条5項）と規定されている。また、博物館には、館長とともにこの学芸員を置くことが規定されている（同法第四条3項）。さらに、同法で規定している博物館の設置目的（第二条第1項）を達成するために必要な学芸員その他の職員を有することも博物館の登録要件の1つとしている（法第十二条2号）。但し、これは登録博物館についての規定で、博物館相当施設における学芸員についての規定は若干異なる。博物館相当施設については、同法第二十九条で規定され、その内容については博物館法施行規則で規定されているが、博物館相当施設の指定要件の1つとして「学芸員に相当する職員がいること」（同規則第二十条1項三）があげられている。また、博物館類似施設は、施設ものの法律上の根拠がなく学芸員についての規定もない。

なお、関連して学芸員補は「学芸員の職務を助ける」（同法第四条第6項）と規定されている。

2．学芸員の職務

学芸員の主な職務は、博物館資料の収集、保管、展示、調査研究に大別されるが、具体的には、博物館の設置目的（同法第二条第1項）を達成するために掲げられた事業の遂行である。その事業については、同法第三条（博物館の事業）1項によると、次のように規定されている。

博物館は、前条第一項に規定する目的を達成するため、おおむね次に掲げる事業を行う。

一　実物、標本、模写、模型、文献、図表、写真、フィルム、レコード等の博物館資料を豊富に収集し、保管し、及び展示すること。

二　分館を設置し、又は博物館資料を当該博物館外で展示すること。

三　一般公衆に対して、博物館資料の利用に関し必要な説明、助言、指導等を行い、又は研究室、実験室、工作室、図書室等を設置してこれを利用させること。

四　博物館資料に関する専門的、技術的な調査研究を行うこと。

五　博物館資料の保管及び展示等に関する技術的研究を行うこと。

六　博物館資料に関する案内書、解説書、目録、図録、年報、調査研究の報告書等を作成し、及び頒布すること。

七　博物館資料に関する講演会、講習会、映写会、研究会等を主催し、及びその開催を援助すること。

八　当該博物館の所在地又はその周辺にある文化財保護法（昭和二十五年法律第二百十四号）の適用を受ける文化財について、解説書又は目録を作成する等一般公衆の当該文化財の利用の便を図ること。

九　社会教育における学習の機会を利用して行つた学習の成果を活用して
　　行う教育活動その他の活動の機会を提供し、及びその提供を奨励するこ
　　と。

十　他の博物館、博物館と同一の目的を有する国の施設等と緊密に連絡し、
　　協力し、刊行物及び情報の交換、博物館資料の相互貸借等を行うこと。

十一　学校、図書館、研究所、公民館等の教育、学術又は文化に関する諸
　　施設と協力し、その活動を援助すること。

3．学芸員の資格取得の方法

　学芸員になるための資格については同法第五条で規定されており、それによ
ると資格取得の方法は次の3通りに分かれる。

　その第1は、学士の学位を有する者が、大学で博物館に関する科目の単位を
修得する方法である。

　第2は、大学に2年以上在学して、上述の博物館に関する科目を含む62単位
を修得した者で、3年以上学芸員補の職務経験を経る方法である。但し、この
職務経験には、社会教育主事や司書など、文部科学大臣が指定する職務経験も
含む。

　第3は、文部科学大臣により、上述の第1および第2と同等以上の学力及び
経験を有すると認可を受ける方法である。なお、この方法には試験認定と審査
認定の2通りがある。

4．学芸員の養成・研修の現状

　学芸員資格取得者については、前節であげた方法のうち、第1の方法が最も
一般的で、全体の99%を占めるとされている。[2]一方、学芸員資格取得者数と博
物館における実際の採用者数に大きな隔たりがあり、具体的には、毎年およそ
1万人が学芸員資格を取得していながら、大学卒で博物館に就職している者は

1％に満たないとされている[3]。

　これは、館の種類だけでも総合博物館、科学博物館、歴史博物館、美術博物館、野外博物館、動物園、植物園、動植物園、水族館と多様であり（社会教育調査）、各館で扱う資料についても、実物等資料（標本、文献、図表、フィルム、レコードも含む）、複製等資料（模造、模写、模型も含む）、さらには電磁的記録（いわゆるデジタル記録）と多岐にわたるという我が国における博物館の特徴にも起因すると考えられる。現在、大学で修得する博物館に関する科目の合計単位数は19単位であるが（博物館法施行規則第一条）、この単位数だけで、上述の館種及び資料に関わる専門性を網羅的に全て身に付けるのは困難であると考えられる。そのため、大学における学芸員養成教育は、博物館のよき理解者・支援者の養成の場とするのではなく、学芸員として必要な専門的な知識・技術を身に付けるための入口として、汎用性のある基礎的な知識（museum basics）の習得を主目的とする考え方にシフトしつつある[4]。

　その一方で、社会教育施設としての博物館として捉えた場合、上述とはまた別の観点からの研修の方向性が打ち出されつつある。このことについては、考え方としては既に「地域における生涯学習推進の中核的な拠点としての機能の充実や、地域文化の創造・継承・発展を促進する機能や様々な情報を発信する機能の向上等により、社会の進展に的確に対応し、人々の知的関心にこたえる施設として一層発展することが期待されている[5]」と指摘されているように、生涯学習支援としての性格を強く持つ。特に近年は地域の学習拠点として、子どもたちへの参加体験型の学習機会の提供や、ボランティア等の協力を得た地域ぐるみの博物館活動、地域づくりや地域活性化のためのリソース化に向けた活動など、館外を含めた地域における活発な活動が広がりつつある。このような動きを見据え、学芸員の研修にあっても、上述の活動を支援するための資質能力の育成にも力を入れるようになってきている。例えば、国立教育政策研究所社会教育実践研究センターでは、2009（平成21）年度から毎年度「博物館学芸

員専門講座」が実施されているが、上述の動向を見据えたテーマが毎回設定されている。

（第4節） 社会教育委員

1．社会教育委員の制度

　社会教育委員は、社会教育法第三条が示す社会教育行政のうち、都道府県、及び市町村の社会教育行政に住民の意思を反映させることができるように社会教育法に定められている制度である。

　社会教育法第十五条に「都道府県及び市町村に社会教育委員を置くことができる。」とある。「社会教育委員を置くことができる」という記述が示す通り、社会教育委員の設置は義務ではなく任意となっている。また、設置されるのは委員会ではなく委員である。これは委員個人を委嘱するということに重きを置くもので、独任制と呼ばれる社会教育委員の制度の特徴の一つである。社会教育委員は教育委員会により委嘱され（同第十五条2）、委嘱の基準、定数、任期等については地方公共団体の条例で定めるとしている（同第十八条）

　文部科学省『平成27年度社会教育調査報告書』の結果を用いて、社会教育委員の設置率を計算すると、都道府県では97.9％、市（区）では96.6％、町では97.7％、村では86.8％である。

2．社会教育委員の職務

　社会教育委員の職務は、同法第十七条に規定されている。それによると、社会教育委員は社会教育に関し教育委員会に助言するために、まず「一　社会教育に関する諸計画を立案すること。」がある。ここで言う社会教育に関する諸計画とは、当該自治体の社会教育計画、あるいは社会教育行政や社会教育事業等に関する計画のことで、この計画の立案や策定に関わることが一つ目の職務である。次に、「二　定時又は臨時に会議を開き、教育委員会の諮問に応じ、これ

に対して、意見を述べること。」がある。社会教育委員の会議は定例による開催の場合と、臨時の開催がある。教育委員会からの諮問があれば、その内容についての審議を行い、それを教育委員会に答申する。教育委員会の諮問がないときでも、テーマを決めて主体的に審議することは可能であり、その結果は、提言、建議、具申、報告等の名称で教育委員会に提出することができる。さらに、「三　前二号の職務を行うために必要な研究調査を行うこと。」がある。ここで言う研究調査は、条文の通り、その前の二点を遂行するための調査のことである。これは、社会教育の諸計画の立案や諮問に対する答申は、いずれも調査研究が基礎となるという考え方である。調査といってもその方法は多様で、質問紙による調査、社会教育活動の実地調査、文献資料の調査などが考えられる。また、委員が合同で行う調査もあれば、個人で調査を行うこともある。

　この他、社会教育委員は、教育委員会の会議に出席して社会教育に関し意見を述べることができる（同第十七条2）。社会教育委員から教育委員会への具申の手段として、答申や建議等の提出という方法によるだけでなく、教育委員会に出席して意見を述べることができるというのは、社会教育委員の制度の特徴の一つである。また、市町村の社会教育委員に限られるが、教育委員会から委嘱を受けた青少年教育に関する特定の事項について、社会教育関係団体、社会教育指導者その他関係者に対し、助言と指導を与えることができる（同第十七条3）。

　これらの職務に加えて、自治体が社会教育関係団体に対して補助金を支出するとき、社会教育委員の会議（社会教育委員の会議がない場合は、条例で定めるその他の審議会）の意見を聞いて行われなければならないとする規定がある（同第13条）。これについては、2008（平成20）年の法律改正までは社会教育委員の会議の意見を聞くことが義務化されていたが、規制緩和の点から、社会教育委員の会議がない場合は条例で定めるその他の審議会に代えることができることとされた。

社会教育法（社会教育委員関係）

第十三条　国又は地方公共団体が社会教育関係団体に対し補助金を交付しようとする場合には、あらかじめ、国にあつては文部科学大臣が審議会等（国家行政組織法（昭和23年法律第120号）第八条に規定する機関をいう。第五十一条第三項において同じ。）で政令で定めるものの、地方公共団体にあつては教育委員会が社会教育委員の会議（社会教育委員が置かれていない場合には、条例で定めるところにより社会教育に係る補助金の交付に関する事項を調査審議する審議会その他の合議制の機関）の意見を聴いて行わなければならない。

第十五条　都道府県及び市町村に社会教育委員を置くことができる。

2　社会教育委員は、教育委員会が委嘱する。

第十七条　社会教育委員は、社会教育に関し教育委員会に助言するため、次の職務を行う。

　一　社会教育に関する諸計画を立案すること。

　二　定時又は臨時に会議を開き、教育委員会の諮問に応じ、これに対して、意見を述べること。

　三　前二号の職務を行うために必要な研究調査を行うこと。

2　社会教育委員は、教育委員会の会議に出席して社会教育に関し意見を述べることができる。

3　市町村の社会教育委員は、当該市町村の教育委員会から委嘱を受けた青少年教育に関する特定の事項について、社会教育関係団体、社会教育指導者その他関係者に対し、助言と指導を与えることができる。

第十八条　社会教育委員の委嘱の基準、定数及び任期その他社会教育委員に関し必要な事項は、当該地方公共団体の条例で定める。この場合において、社会教育委員の委嘱の基準については、文部科学省令で定める基準を参酌するものとする。

３．社会教育委員の活動状況

　実際に、社会教育委員の会議による答申や提言等がどれくらい行われている
かについて、全日本社会教育連合が2017（平成29）年５月に行った調査「平成
28年度版　社会教育委員による答申」によると、2016（平成28）年中、答申や
提言等を行ったのは都道府県では12件であった。政令指定都市では、千葉市、
横浜市、福岡市による３件、市区町村では49件であった。市区町村における件
数を、都道府県別に見ると東京都７件、静岡県７件、神奈川県６件、群馬県、
福岡県、兵庫県がいずれも４件ずつであった。内訳を見ると、件数の多い活発
な地域が散見される。社会教育委員の答申や提言は、必ずしも毎年、出される
ものではないので、全般的な状況を把握するには、より詳しい調査が必要であ
る。

４．社会教育委員に求められること

　これからの社会教育委員に求められることとして、次の点がある。第一に、
社会教育委員は社会教育行政に住民の意見を反映させるための制度であること
から、社会教育委員は常に住民の視点に立って社会教育行政を注視していくと
いう姿勢が求められる。第二は、社会教育委員には不断の学習や調査・探究が
求められる。行政の仕組や施策に関わる資料は、慣れないこともあり分かりに
くい内容や専門的な内容が多い。社会教育行政について意見を述べるとすれば、
それを的確に理解するための予備知識や事前の学習が重要となる。社会教育委
員自身が行政に興味関心をもち、自発的に、また、日常的に幅広く学習に取り
組むことも必要である。第三は、教育委員会から諮問があれば答申するのは言
うまでもないが、諮問がない場合でも、調査研究を行いながら積極的に提言や
意見をまとめて教育委員会に伝えていくことが求められる。第四は、委員委嘱
の独任制という特徴を生かし、委員個人としても活動し、必要があれば意見を
述べるようにすることである。社会教育委員の制度が有効に機能するためには、

第6章　社会教育関係の指導者　117

社会教育委員の主体的な関わり方が重要である。

第5節　公民館主事

1．公民館主事の規定

　公民館主事は公民館に置かれる職員である。公民館主事については、社会教育法第二十七条において「公民館に館長を置き、主事その他必要な職員を置くことができる。」と規定されており、その職務は、同第二十七条3に「主事は、館長の命を受け、公民館の事業の実施にあたる。」とある。また「公民館の設置及び運営に関する基準」（文部科学省告示）では、その第八条に「公民館に館長を置き、公民館の規模及び活動状況に応じて主事その他必要な職員を置くよう努めるものとする。」とあり、さらに、同二「公民館の館長及び主事には、社会教育に関する識見と経験を有し、かつ公民館の事業に関する専門的な知識及び技術を有する者をもって充てるよう努めるものとする。」とその専門性について言及している。

　なお、「公民館主事」という名称は呼称であって、関係する法規の条文では「主事」となっている。通常、行政職員の職名の一つとして主事があり、教育機関の職員である公民館の主事と区別するため「公民館主事」と呼ばれている。

　公民館主事の配置の現状を見ると、その数は減少の傾向がある。文部科学省『平成27年度社会教育調査』によると、全国の公民館（類似施設を含む）の公民館主事は1999（平成11）年度が18,927人であるところ、調査年ごとに減少しており、2015（平成27）年度には13,275人まで減少している。この間、公民館数も1999（平成11）年度が19,063館であったのに対して、2015（平成27）年度には14,841館となっている。1館あたりの公民館主事で比較してみると、1999（平成11）年度は1.0人であるのに対して、2015（平成27）年度は0.9人と減少している。2015（平成27）年度の公民館1館あたりの職員数が3.2人である。公民館の職員数が約3名、そのうち公民館主事が数字上1名に満たない状況である

のは、極めて厳しい職員の配置であると言える。

社会教育法（公民館の職員関係）

第二十七条　公民館に館長を置き、主事その他必要な職員を置くことができる。

2　館長は、公民館の行う各種の事業の企画実施その他必要な事務を行い、所属職員を監督する。

3　主事は、館長の命を受け、公民館の事業の実施にあたる。

第二十八条　市町村の設置する公民館の館長、主事その他必要な職員は、当該市町村の教育委員会が任命する。

第二十八条の二　第九条の六の規定は、公民館の職員の研修について準用する。

公民館の設置及び運営に関する基準（公民館の職員関係）

第八条　公民館に館長を置き、公民館の規模及び活動状況に応じて主事その他必要な職員を置くよう努めるものとする。

2　公民館の館長及び主事には、社会教育に関する識見と経験を有し、かつ公民館の事業に関する専門的な知識及び技術を有する者をもって充てるよう努めるものとする。

3　公民館の設置者は、館長、主事その他職員の資質及び能力の向上を図るため、研修の機会の充実に努めるものとする。

2．公民館主事の職務

公民館主事の職務は、館長の命を受け、公民館の事業の実施にあたることで

ある（社会教育法第二十七条3）。1館あたりの公民館の職員数は約3名で、このうち館長1名を除いた2名のうちの約1名が公民館主事ということになる。少人数の中で、公民館事業の実務全般を担うのが公民館主事である。

そこで、具体的に公民館主事の職務をあげるとすれば、次のように考えることができる。それは、公民館の「市町村その他一定区域内の住民のために、実際生活に即する教育、学術及び文化に関する各種の事業を行い、もつて住民の教養の向上、健康の増進、情操の純化を図り、生活文化の振興、社会福祉の増進に寄与する」（同第二十条）という公民館の目的を達成するために行われる主として次の事業（同第二十二条）の企画と実施運営ということになる。

一　定期講座を開設すること。

二　討論会、講習会、講演会、実習会、展示会等を開催すること。

三　図書、記録、模型、資料等を備え、その利用を図ること。

四　体育、レクリエーション等に関する集会を開催すること。

五　各種の団体、機関等の連絡を図ること。

六　その施設を住民の集会その他の公共的利用に供すること。

3　公民館主事に求められる資質・能力

公民館職員には、公民館の基本的な役割を理解し、公民館事業を的確に運営していく能力が必要である。公民館の目的（同第二十条）、公民館の事業（同第二十二条）の内容を基にしながら公民館の役割を整理すると、学習機会の提供や学習グループの支援などによる住民の学習を支援する役割と、世代間交流や郷土の伝統文化の継承などによる地域づくり支援の役割の二つに集約することができる。また、この二つの役割を的確につなげていくことが重要となる。つまり、学習支援から地域づくり支援に移行したり、またはその反対に地域づくり支援から学習支援に移行するようにすることである。例えば、前者であれば

学習した成果を地域で生かせるよう助言を行うこと、後者であれば地域活動やボランティア活動を支援しつつ、そこで新たな学習課題を見つけられるような働きかけをしていくような場合である。このように、二つの役割をつなぎ、連続させることにより、公民館の機能が高まっていく。

このような公民館の基本的な役割に加えて、昨今の社会状況から公民館に期待されている役割がある。中央教育審議会答申「人口減少時代の新しい地域づくりに向けた社会教育の振興方策について」（2018（平成30）年）では、公民館には、次のように、コミュニティの維持と持続的な発展を推進する役割、地域防災の拠点としての役割、地域学校協働活動の拠点としての役割、地域運営組織の活動基盤となる役割、外国人の学びの場としての役割、などが期待されている。

地域コミュニティの衰退が社会全体の課題となる中、今後は、特に、住民が主体的に地域課題を解決するために必要な学習を推進する役割や、学習の成果を地域課題の解決のための実際の活動につなげていくための役割、地域コミュニティの維持と持続的な発展を推進するセンター的役割、地域の防災拠点としての役割、「社会に開かれた教育課程」の実現に向けた学校との連携を強化するとともに、地域学校協働活動の拠点としての役割などを強化することが求められる。また、中山間地域における「小さな拠点」の中核となる施設としての役割や「地域運営組織」の活動基盤となる役割も期待される。さらに、外国人に対する日本語学習を公民館で提供するなど、外国人が地域に参画していくための学びの場としての活用も考えられる。（中央教育審議会答申「人口減少時代の新しい地域づくりに向けた社会教育の振興方策について」（2018（平成30）年）より）

公民館主事は、公民館の基本的な役割と今日的役割の両方を理解し、公民館

事業の企画・実施、利用者の相談対応、日常的な館務運営の全般に関わる職務をこなしていく必要がある。そのためには、地域課題と住民ニーズを把握し、それを事業化する能力、ＮＰＯや関係機関・団体等とのコーディネート能力などの向上が求められる。

第6節　青少年教育施設の指導系職員

1．青少年教育施設の指導系職員の概要

　青少年教育施設の指導系職員（以下、指導系職員）とは、社会教育調査（基幹統計調査）での捉え方を参考にすれば、主として直接青少年の指導に当たる者のことを指す。その職名は、施設の所管や管理運営形態によって、専門職員、指導主事、指導員など様々である。なお、青少年教育施設は、その他に、施設の長（所長、館長、センター長など）、事務職員（庶務・会計等を専ら担当）、技術職員、労務職員などで構成されている。また、指導系職員の勤務形態は、専任、兼任、非常勤、あるいは指定管理者（指定管理者に指定された団体の職員）など様々である。但し、当該施設の職員として発令されている者に限定することから、事業等の委託で従事している者や施設ボランティアは除くことが多い。

　指導系職員は、図書館司書や博物館学芸員などのような法的根拠を持たず、そのために必要な資格も存在しない。したがって、各青少年教育施設では、3節で述べたように資質・能力に即した研修を独自に実施することが多い。また、各指導系職員は、個人的に研修に参加することもあれば、関係する資格取得を行うこともある。

2．指導系職員の職務

　指導系職員の職務は青少年教育に関する専門的事項が中心ではあるものの、所属施設の事情により、その他の事務的事項も担うこともある。(1)主催事業に

関わる職務、⑵受入事業に関わる職務、⑶その他の職務に分けると、次のように整理することができる。[6]

⑴　主催事業に関わる職務

　主催事業に関わる職務については、その事業運営の段階に応じて次の5つに分かれる。

　その第1は事業企画に関わるもので、企画立案に役立つ地域の資料を蓄積し活用すること、企画立案に際して地元の協力を得ること、個々の活動を組み合わせてプログラムを編成すること、外部講師に関する情報収集をして選定や手配をすること、企画段階から加わる参加者への支援をすること、広く青少年の現状やニーズを把握した上で企画すること、国や自治体の考え方や社会動向を把握すること、類似事業の情報を収集することなどがあげられる。

　第2は広報・宣伝・募集に関わるもので、案内チラシ・パンフレット等をつくること、新聞・ラジオ・テレビ等の報道機関を使って幅広く広報すること、広報にあたってホームページを活用すること、新規参加者を発掘すること、参加者募集に際して他機関との協力を図ることなどがあげられる。

　第3は事業の実施・運営に関わるもので、体験活動の指導をすること、参加者間のトラブル対応をすること、参加者の健康状態を把握すること、安全対策・管理をすること、参加者との円滑なコミュニケーションをとること、活動の振り返りなどによりグループのフォローを行うことなどである。

　第4は事業の評価に関わるもので、評価項目を設定すること、事業の効果測定をすること、事業運営の実態を把握すること、参加者のアンケートの集計・分析を行うこと、評価結果を有効に活用できるよう発信することなどがあげられる。

　第5の事業の体制づくりに関わるものとしては、外部機関と連携・協力すること、スタッフ配置を適切しスタッフ間のコミュニケーションを円滑に進める

こと、外部と連絡調整すること、職員の時間外勤務等に対する調整をすること、職員間の情報共有（事業の目的など）を進めること、予算や文書作成に関わる業務を補助することなどである。

(2)　受入事業に関わる職務

受入事業に関わる職務としては、事前打合せに対する指導・助言を行うこと、利用団体（以下、団体）に対する安全指導や健康指導を行うこと、団体のプログラム展開への支援を行うこと、団体に対して施設利用の目的を正しく説明すること、団体に対する生活指導を行うこと、団体間の交流を支援すること、団体の実態を把握して細かい情報提供をすること、団体間の活動プログラムの調整をすること、団体の活動に対する指導依頼に対応することなどがあげられる。

(3)　その他の職務

(1)、(2)以外の職務には、ボランティアとの連携協力、施設の広報ＰＲ、施設に関する報告書や資料の作成、他の青少年教育施設等の情報収集、事業に関する先端的なノウハウの収集、リーダーや関係団体の育成、学校教育及び地域の団体との連携・協力、事務手続きの補助、施設・設備の管理・補修、施設運営に関する評価などがあげられる。

３．指導系職員に求められる資質・能力

指導系職員に求められる資質・能力は、基本的資質をベースとして専門的資質（または能力）が位置付けられる[7]。これらを構造化したものが**図6-1**である[8]。

これは、あくまでも一般的な資質・能力の事項のみをあげたもので、実際には、当該施設の実態や指導系職員に職務に応じて、ウェイトを置く事項にも違いは生じるし、他に様々な事項が加わることもある。例えば、職業体験活動や奉仕体験活動などに力を入れている施設にあっては、そのような体験活動に関

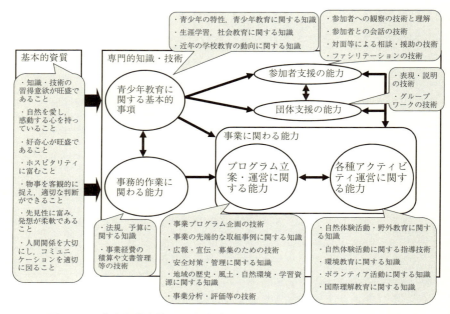

図6-1　青少年教育施設の指導系職員に求められる資質・能力の構造

する指導技術が入るであろうし、発達障害や不登校など特定の課題を抱えている参加者を積極的に受け入れている施設にあっては、最低限の基礎知識としての発達障害の理論や最近の動向、不登校やひきこもりなどに関する基礎的知識が加わるであろう。

　また実際の研修等にあっては、図中の「専門的知識・技術」の習得や向上に力を入れることが多い。「基本的資質」に関わる事項は、どちらかと言えば性格面に関わる事項であることから研修等の対象となることは少ない。但し、上述の「専門的知識・技術」を多く身に付けたり、あるいは指導系職員としての経験を重ねることによって、「基本的資質」も徐々に身に付けたり変化していくこともある。

第6章 社会教育関係の指導者 125

(第7節) ボランティア・リーダー

1. 社会教育におけるボランティア活動

　一般的なボランティア活動は、例えば、福祉、まちづくり、観光、災害、文化、スポーツ、環境など様々な分野で行われる。社会教育におけるボランティア活動の重要性については、既に社会教育審議会答申『急激な社会構造の変化に対処する社会教育のあり方について』(1971 (昭和46) 年) などで示されているが、生涯学習審議会答申『今後の社会の動向に対応した生涯学習の振興方策について』(1992 (平成4) 年) で生涯学習との関連で本格的に取り上げられるようになった。同答申では、ボランティア活動を「個人の自由意思に基づき、その技能や時間等を進んで提供し、社会に貢献すること」(第2章、1、(1)) と捉えている。ボランティアとは、上述の活動を行う人々のことを言う。

　我が国における社会教育の変遷を一言で述べれば、戦前の団体中心主義、戦後の施設中心主義を経て、21世紀に入りネットワーク中心主義への転換期を迎えている。(9) ボランティア活動も、上述の社会教育の変遷に即して発展してきていることから、大まかには団体、施設、及びネットワークの3つの観点から捉えることができる。

2. ボランティア・リーダーの種類

　社会教育関係の指導者を、社会教育で行われる人々の自発的な学習・教育活動を触発するとともに、それらを援助支援する役割を担う人々の総称とすれば、(10) その指導者がボランティアであれば、そのような人をボランティア・リーダーと呼ぶ。また、前節で説明したボランティアのうち、何らかの指導的な役割を持っている人々のことを指す場合もある。但し、ボランティア・リーダーは、特定の人に恒常的に与えられる役割ではない。ある社会教育活動でボランティア・リーダーとして関わっている人でも、別の社会教育活動では特に指導者と

してではなくボランティアとして関わることもある。その種類については、前節の３つの観点に従えば次の①〜③に整理することができる。

①団体・グループ・サークルに所属するボランティア・リーダー

社会教育活動を行う団体・グループ・サークル（以下、団体等）のまとめ役や指導・助言的な役割を果たす人のことを指す。ここで言う団体等には大小様々な規模のものを含んでおり、全国的組織となっている団体もあれば、数人で行う自主グループもある。いずれの規模にあっても、社会教育活動の場合はその企画・運営等でボランティアによって支えられていることが多い。そのような団体等にあって、上述のまとめ役などの役割を果たしている人もまたボランティアであれば、そのような人をボランティア・リーダーと呼ぶ（但し、団体等における有給の職員が、業務としてそのような役割を担っている場合はボランティア・リーダーと呼ばない）。彼らは、団体等の運営の責任者でもあることが多く、場合によっては団体等の代表者として、他の団体等との情報交換や連絡調整を担うこともある。

②社会教育施設に所属するボランティア・リーダー

公民館、図書館、博物館などの社会教育施設（以下、施設）では、研修会等、それぞれ独自の方法でボランティアを養成し、修了者をいわゆる施設ボランティアとして登録していることが多い。このように登録された施設ボランティアの活動は多岐に渡り、施設の利用者の様々な学習活動の支援を行う。このような施設ボランティアのうち、特に何らかの指導性を伴う活動を担当する人がここで言うボランティア・リーダーである。例えば、施設の主催事業にあって、その企画・運営等の全体的な責任は当該施設の専門職員にあるとしても、参加者の学習活動に関わる直接的指導をボランティア・リーダーが担う場合がある。また、施設利用者への日常的な学習支援（施設利用にあたっての説明や案内、専門職員の指導補助なども含む）もボランティア・リーダーによることが多い。

③ネットワーク下におけるボランティア・リーダー

　上述の団体等や施設などが主催する学級・講座・教室や行事などに、外部の講師や解説者などがボランティアとして学習支援を行うことがある。団体等や施設などが持っているそれぞれの学習資源を交換しながら社会教育を発展させていくというネットワークの考え方に立てば、このような人もボランティア・リーダーである。また、社会教育以外の教育・学習に関わる他領域との連携の中で、例えば、地域学校協働活動推進事業や放課後子供教室事業などで活躍するボランティアに指導・助言する人もここで言うボランティア・リーダーである。但し、このような人の場合、ボランティア活動を希望する人とボランティアを必要とする人の双方のニーズを総合的に調整し、マッチングする役割を担うことから、どちらかと言えばボランティア・コーディネーターと呼ばれることのほうが多い。[11]

3．ボランティア・リーダーの特徴

　中央教育審議会答申『生涯学習の基盤整備について』（1990（平成2）年）でも言われているように、ボランティア活動は必ずしも学習を目的として行われるとは限らないが、その活動を行うために学習を行うこともあれば、活動の結果として学習となる場合もある。それはボランティア・リーダーにあっても同様で、彼らは社会教育の指導者としての役割を担いながら自身も学習していることが多い。それも様々なタイプがあるが、学習との関係で言えば次のア〜ウの3タイプがあると考えられる。

　ア．ボランティア・リーダーを行いながら、自己実現を図り、新たな生きがいなどを追求していくタイプ

　ここには、定年退職など、キャリアを一旦終えた人で、これまで培った知識や技術をボランティア・リーダーとして提供していくタイプも含まれる。これ

までの学習成果を地域社会で生かすことにより、これからの学習への励みとしていく人などが当てはまる。

イ．自身の仕事などを行いながら、本業で得た知識や技術を別の場所でボランティア・リーダーとして生かしていくタイプ

プロボノ（社会的・公共的な目的のために、自らの職業を通じて培ったスキルや知識を提供するボランティア活動[12]）などがその例の１つである。内容的には、プロボノは自身が生業としている得意分野を生かす活動であるため、専門性の高い知識や技術を提供しているところに特徴がある。さらに、活動を通じて自身の知識や技術の市場価値を知るきっかけにもなり、その結果が自身の仕事にも生かされることがある。

ウ．これからの将来に向けて、知識や技術を身に付けながらボランティア・リーダーを行っていくタイプ

これは、特に若い人に多いタイプであると考えられるが、ノンプロ、セミプロを経てプロを目指そうとするタイプが当てはまる。例えば、社会教育施設でのボランティアの経験を積みながら、専門職員としての知識や技術を身に付けていく人がそれである。

注

（１）　日本図書館協会『日本の図書館　統計と名簿』、2018（平成30）年
（２）　文化庁「Present Status of Museums in Japan 博物館に関する英文パンフレット）」（http://www.bunka.go.jp/seisaku/bijutsukan_hakubutsukan/shinko/pamphlet/、2019（平成31）年１月８日閲覧）を参照。
（３）これからの博物館の在り方に関する検討協力者会議『学芸員養成の充実方策について（第２次報告）』（2009（平成21）年２月）３頁を参照。
（４）　同、３頁を参照。
（５）　生涯学習審議会社会教育分科審議会報告『社会教育主事、学芸員及び司書の養成、研修等の改善方策について』（1996（平成８）年）Ⅰ。

（6）　白木賢信「２－３－２.【職務】」（独立行政法人国立オリンピック記念青少年総合センター編『青少年教育施設職員の資質向上の在り方に関する調査研究報告書』（2005（平成17）年）12—15頁）を参照。

（7）　（社）全国青年の家協議会編『青少年教育施設職員に必要な知識・能力と職員研修について』（1998（平成10）年）および独立行政法人国立オリンピック記念青少年総合センター編『青少年教育施設職員の手引－改訂版－』（2003（平成15）年）を参照。

（8）　白木賢信「３-３　ユースサポーターに必要な資質・能力およびその構造」（独立行政法人国立青少年教育振興機構編『平成19年度文部科学省委託事業「青少年の自立への意欲を育む支援者（ユースサポーター）育成に関する調査研究」報告書』（2008（平成20）年）33～36頁）の図３-１（33頁）を本書用に修正。

（9）　中央教育審議会生涯学習分科会（第43回・2007（平成19）年６月18日）における山本恒夫の発言（文部科学省「中央教育審議会生涯学習分科会（第43回）議事録」（http://www.mext.go.jp/b_menu/shingi/chukyo/chukyo2/siryou/1263704.htm、2019（平成31）年１月５日閲覧））を参照。

（10）　服部英二「社会教育指導者総論」（浅井経子編著『生涯学習概論－生涯学習社会への道－』（理想社、2010（平成22）年）95～101頁）95頁を参照。

（11）　生涯学習審議会答申『学習の成果を幅広く生かす』（1999（平成11）年）第３章、２.（7）を参照。

（12）　嵯峨生馬『プロボノ：新しい社会貢献新しい働き方（電子書籍版）』（勁草書房、2011（平成23）年）第１章、１を参照。

参考文献

・日本生涯教育学会『生涯学習研究e事典』、http://ejiten.jave.or.jp/

・逸村裕他編『図書館情報学を学ぶ人のために』世界思想社、2017（平成29）年

・国立教育政策研究所社会教育実践研究センター『新訂　生涯学習概論』ぎょうせい、2010（平成22）年

・これからの図書館の在り方検討協力者会議『司書資格取得のために大学において履修すべき図書館に関する科目の在り方について（報告）』、2009（平成21）年

・伊藤俊夫編著『新しい時代をつくる社会教育』全日本社会教育連合会、2009（平成20）年

・中央教育審議会『新しい時代を切り拓く生涯学習の振興方策について―知の循環型社会の構築を目指して―』、2008（平成20）年２月19日

- ㈳全国社会教育委員連合『住民参画による社会教育の展開　社会教育委員のあゆみと役割』、2008（平成20）年
- 中央教育審議会『次代を担う自立した青少年の育成に向けて』（答申）2007（平成19）年1月30日
- 独立行政法人国立オリンピック記念青少年総合センター『青少年教育施設職員の資質向上の在り方に関する調査研究報告書』、2005（平成17）年
- 坂本登編著『新社会教育委員手帳』日常出版、2005（平成17）年
- 独立行政法人国立オリンピック記念青少年総合センター『青少年教育施設職員の手引』、2003（平成15）年
- ㈳全国社会教育委員連合『社会教育委員活動の活性化をめざして—社会教育委員の活動実態調査—』、2001（平成13）年
- 社団法人全国青年の家協議会『青少年教育施設職員に必要な知識・能力と職員研修について』、1998（平成10）年
- 伊藤俊夫編著『生涯学習の支援』実務教育出版、1995（平成7）年
- 岡本包治編著『現代生涯学習全集5　これからの指導者・ボランティア』ぎょうせい、1992（平成4）年10月
- 伊藤俊夫ほか編著『新社会教育事典』第一法規出版、1983（昭和58）年
- 伊藤俊夫・岡本包治・山本恒夫編集代表『社会教育講座　第3巻社会教育の経営』第一法規、1979（昭和54）年

第7章　生涯学習・社会教育関係の施設

第1節　生涯学習センター

　生涯学習センターは、生涯学習を推進するための中心機関の総称である。都道府県や市町村が設置するものと大学が設置するものがある。設置目的や事業等が法律で規定されていないこともあり、その内容は、地域や大学の実情に応じて様々である。また、名称も統一されていない。

1．都道府県・市町村の生涯学習センター

(1) 設置の経緯・現状

　文部科学省主管の社会教育調査によれば、2015（平成27）年10月現在、都道府県のものが41館、市町村（組合を含む）のものが408館設置されている。都道府県の生涯学習センターは、県内全体の生涯学習推進の拠点施設として1県に1館設置される場合が多いが、複数館設置される場合もある。例えば、茨城県では、県内を五つの広域学習圏にわけ、それぞれに生涯学習センターを配置している。

　都道府県が生涯学習センターを設置するきっかけとなったのが、1990（平成2）年の中央教育審議会答申『生涯学習の基盤整備について』に示された「生涯学習推進センター」設置の提案である。これ以前から、1979（昭和54）年設置の兵庫県をはじめ、秋田県、広島県、群馬県などに生涯学習センターが存在していたが、この提案を機に設置が進むことになる。設置にあたっては、新たに建設したところもあるが、総合教育センターや社会教育センターを改組したところもある。

　この答申では、生涯学習センターを設置する意義・目的に関して、「地域にお

132

ける生涯学習をより一層推進していくためには、学習機会を提供するだけでなく、人々が学習機会を選択したり、自主的な学習活動を進めることについて援助を行うことも大切である。今後は特に、生涯学習に関する情報を提供したり、各種の生涯学習施設相互の連携を促進し、人々の生涯学習を支援する体制を整備していくことが重要である。このため、それぞれの地域の生涯学習を推進するための中心機関となる「生涯学習推進センター」を設置することが必要である。」と指摘している。ここでは、生涯学習推進センターという名称が用いられ、「地域の生涯学習を推進するための中心機関」という位置付けがなされている。

　一方、市町村にも、条例等に基づく生涯学習センターがあるが、学習活動や地域の諸活動等を支援・推進するセンター等との複合施設、あるいは中央公民館的な性格を持つ施設という場合が多い。

(2)　都道府県の生涯学習センターの機能・役割、運営

　機能についても、設置当初は、前記の答申が一つの指針となったことから、答申に示された次の①～⑥を備えるところが多かった。

　①生涯学習情報の提供及び学習相談体制の整備充実に関すること
　②学習需要の把握及び学習プログラムの研究・企画に関すること
　③関係機関との連携・協力及び事業の委託に関すること
　④生涯学習のための指導者・助言者の養成・研修に関すること
　⑤生涯学習の成果に対する評価に関すること
　⑥地域の実情に応じて、必要な講座等を主催すること

　文部科学省の『生涯学習推進センター等に対する生涯学習施策に関する調査』（2006（平成18）年）によれば、学習情報提供や学習相談、主催講座の開催等の機能については、ほぼすべてのセンターが備えている。一方、学習需要の

第 7 章　生涯学習・社会教育関係の施設　133

把握及び学習プログラムの研究・企画などの調査研究機能や指導者の養成機能
を備えているのは、それぞれ全体の4分の3程度である。

　また、2015（平成27）年の社会教育調査によれば、主催講座等の内容は、半
数以上が教養の向上であり、そのうちの約7割が趣味・けいこごとで占められ
ている。教養の向上、趣味・けいこごとの比率が高いのは公民館と同じである
が、これ以外では、体育・レクリエーションや家庭教育・家庭生活が、公民館
より8～13ポイント低く、市民意識・市民連帯意識の向上は8ポイント高い。

　管理運営については直営が多いが、指定管理者制度を導入しているところが
約4割を占め、そのうちの半数近くが民法第三十四条の法人への委託である。

　また、実施事業の重点については、各センターにおいて、それぞれ特徴が見
られる。例えば、「学習情報提供」や「指導者養成」に重点を置くセンターもあ
れば、「学習機会の提供」を重点事業としているセンターもある。また、今後に
ついては、多様な機能を備えた「総合型」を維持しようとするセンターがある
一方で、行財政改革の影響もあり、機能を重点化し「専門型」を目指すセンタ
ーもある。

(3)　新たな役割・課題

　生涯学習センターを取り巻く環境が、前掲の答申で設置が提唱された頃と比
べ大きく変化したことから、新たな役割等が模索されている。

　主催講座の内容では、教養の向上から地域課題の解決や働くこと、市民活動
などに関することなどへの重点の移行、そのような事業を行うための大学や職
業訓練機関などとの連携の強化、地域の団体等が協働して事業や活動を行う際
のコーディネート役の担当といった動きがある。また、学習成果の評価・活用
に力を入れ、「知の循環型社会」の構築に対応する動きなどもある。

　一方、市町村との緊密な連携協力のもとに事業が実施されてきた生涯学習セ
ンターであるが、指定管理者制度の導入により、これまで担ってきた市町村

職員の研修が県教育委員会に引き上げられるなど、従来のような関係を維持することが難しくなっており、関係の再構築を迫られているところがある。また、これまで取り上げてこなかった領域について事業化を図るために、新たな機関・団体等とのネットワークの構築が課題となっているセンターも多い。

2. 大学・短大等の生涯学習センター

　大学・短大等に設置された生涯学習センターは、大学・短大等が生涯学習機関としての役割を果たすために、従来からの大学開放等の取組を一層充実させるとともに、「体系的・継続的な講座の実施や大学・短大等における学習機会に関する情報の提供・学習相談など、社会人を対象とした取組をより積極的に行う体制として」開設された組織である（前掲、中央教育審議会答申）。地域の実情に応じ、都道府県の生涯学習センター等と協力して講座を開設したり、学習プログラムの開発を行うなど、地域との密接な連携を図ることが期待されている。

　なお、国立大学においては、東北大学他で1973（昭和48）年に設置された「大学開放センター」が名称こそ「生涯学習」をうたってはいないものの、組織的に独立した生涯学習部門として設置された最初の組織である。1990年代になると生涯学習推進センターという名称の組織が設置されるようになるが、2004年（平成6）年の大学独立法人化以降は組織の改廃等が行われ、高等教育開発部門や地域連携部門との統合が図られている。

第2節　公民館

1. 公民館とは

　公民館は、多くの市町村に設置されている総合的な社会教育施設であり、地域の学習活動、地域活動の拠点である。

　旧水沢市の後藤新平公民館など、第二次大戦以前にも存在していたが、公民

館が各地に建設されるようになるのは、戦争で荒廃した郷土を復興する官民運動として構想されてからのことである。これに法的根拠を与えたのが、1949（昭和24）年に施行された『社会教育法』である。

第二十条では、設置の目的を「市町村その他一定区域内の住民のために、実際生活に即する教育、学術及び文化に関する各種の事業を行い、もつて住民の教養の向上、健康の増進、情操の純化を図り、生活文化の振興、社会福祉の増進に寄与すること」と定めている。また、第二十二条には、この目的を達成するために必要な事業として、「定期講座を開設すること」、「討論会、講習会、講演会、実習会、展示会等を開催すること」、「図書、記録、模型、資料等を備え、その利用を図ること」、「体育、レクリエーション等に関する集会を開催すること」、「各種の団体、機関等の連絡を図ること」、「その施設を住民の集会その他の公共的利用に供すること」が列挙されている。

したがって、学習活動・地域活動の機会や場の提供、学習教材等の提供、地域団体・機関等の支援・育成が、公民館の主な機能ということになるが、公民館は、このほかにも学習情報の提供、学習相談、学習成果の活用機会の提供、学習ニーズ・地域課題の把握、地域の団体・機関等のネットワーク形成などの機能が期待されている。

各地の公民館は、地域の実情に応じて、これらの機能の一部または全部を備えている。

２．公民館の設置・運営

公民館を設置できるのは、市町村と、公民館の設置を目的とする一般社団法人・一般財団法人である。管理については直営のところが多いものの（業務委託を含む）、指定管理者制度を導入しているところが、2015（平成27）年10月現在で8.8％ある。

運営にあたっては、次の三つの事項が禁じられている。

①営利事業を行ったり援助したりすること

②特定の政党の利害に関する事業を行ったり特定の候補者を支持したりすること

③(市町村の設置する公民館の場合)特定の宗教を支持したり特定の教派、宗派若しくは教団を支援したりすること

3. 公民館の現状

　今日の公民館は岐路に立たされていると言われる。第2次大戦終了直後から建設が進み、1968(昭和43)年以降増加の一途をたどった公民館は、1999(平成11)年にその数が19,000館を超え(公民館類似施設を含む)ピークに達した。しかし、その後は、市町村合併や行財政改革・行政のスリム化などにより統廃合や一般行政への所管替え、地域施設(コミュニティセンター等)への転換がすすみ、2015(平成27)年10月現在の設置数は14,841館となった。特に、2006(平成18)年以降の落ち込みが激しく、2015(平成27)年までの10年間で3,341館、18.4%減少した。

　また、利用者・参加者数も減少しており、2014(平成26)年度の利用者数は、団体での利用者1億9,346万4千人、学級・講座参加者942万7千人、諸集会参加者1,952万5千人であった。

　事業に関しては、学級・講座の開設数が、2007(平成19)年度に約47万件に達し過去最高となったが、その後は減少に転じ、2014(平成26)年度には約36万件となった。内容は、趣味・けいこごとが特に多く(43.6%)、次いで家庭教育・家庭生活(20.9%)、体育・レクリエーション(18.8%)の順である。それに対して市民意識や社会連帯意識の向上は7%に満たない。

4．今日的な役割——地域づくりの拠点としての公民館

　地域における連帯意識が一層希薄となったことや、社会の急激な変化に伴う現代的な課題を地域レベルで解決することが求められるようになったことなどから、今日の公民館は、これまで以上に、地域課題の解決を目指す学習活動や地域活動のための拠点としての役割が期待されている。

　これに対応するための具体的な方策については、それぞれの地域の実情が異なることから一律に論じことは難しいが、検討の際のポイントとして、①地域の課題や学習ニーズ、さらには課題解決を目指す諸活動に活用可能な地域資源（ひと・もの・こと）の把握と診断、②地域の実情に応じた課題解決のための学習機会の提供、③地域課題の理解や解決に資する学習プログラムや教材等の開発と提供、④学習の成果を地域でのボランティアや指導者として生かせる仕組の構築、⑤地域の様々な情報の収集・提供や、特色ある活動等に関する情報の地域外への発信、などがあげられる。

　なお、公民館が地域づくりや地域課題解決の中核施設となるには、住民が運営や事業の企画に参加・参画し、自らの考えを反映させることが不可欠である。近年、各地で見られる住民参画による講座や運営委員会の委員公募などは、そのような取組の一つであり、今後一層盛んにする必要がある。また、地域の諸施設・機関、団体との連携・協力が不可欠である。

　さらには、地域の諸団体等が協働で地域課題の解決に資する学習機会を設けたり活動を展開できるように支援することが、これまで以上に必要になる。具体的には、地域の団体等と関わる機会が多いという公民館の特性を生かして、活動をコーディネートしたり、地域の諸団体等が共通に利用できるスペースや設備を備え、諸団体等が交流できる環境を整備したりすることがあげられる。

　このような住民の参加・参画の仕組みが機能し、他団体等との連携が図られるには、公民館の理念や事業が理解され、地域にとって必要な施設として認知されることが重要である。それには、2008（平成20）年の『社会教育法』の改

正で、努力義務として規定された自己点検・評価の実施と運営に関する情報の公開が有効である。これらを着実に実施することで、運営や事業の改善が図られるとともに、公民館への理解と関心が高まる。

なお、地域の住民や団体等との協働、自己点検・評価および結果の公開が円滑に行われるには、担当職員がこれらに対応できる資質や能力を備えている必要がある。館長をはじめ公民館主事等の職員の研修プログラムもこのような観点からの改善が期待される。

第3節　図書館

1．図書館とは

図書館は、『社会教育法』第九条で、博物館とともに社会教育のための機関とすることが規定され、その設置及び運営に関して必要な事項は『図書館法』に定められている。

また、『図書館法』第二条によると、図書館とは、図書、記録その他必要な資料を収集し、整理し、保存して、一般公衆の利用に供し、その教養、調査研究、レクリエーション等に資することを目的とする施設であり、かつ地方公共団体、日本赤十字社又は民法第三十四条の法人が設置するものを言う。また、地方公共団体の設置する図書館を公立図書館と呼び、日本赤十字社または民法第三十四条の法人の設置する図書館を私立図書館と呼ぶ。公立図書館を指して、一般に公共図書館と表すことがある。

2．図書館のサービス

『図書館法』第三条によると、図書館は図書館奉仕（サービス）のため、土地の事情及び一般公衆の希望にそい、さらに学校教育を援助しうるように留意し、おおむね次の事項の実施に努めなければならない。

一　郷土資料、地方行政資料、美術品、レコード、フイルムの収集にも十
　　分留意して、図書、記録、視覚聴覚教育の資料その他必要な資料（以下
　　「図書館資料」という。）を収集し、一般公衆の利用に供すること。

二　図書館資料の分類排列を適切にし、及びその目録を整備すること。

三　図書館の職員が図書館資料について十分な知識を持ち、その利用のた
　　めの相談に応ずるようにすること。

四　他の図書館、国立国会図書館、地方公共団体の議会に附置する図書室
　　及び学校に附属する図書館又は図書室と緊密に連絡し、協力し、図書館
　　資料の相互貸借を行うこと。

五　分館、閲覧所、配本所等を設置し、及び自動車文庫、貸出文庫の巡回
　　を行うこと。

六　読書会、研究会、鑑賞会、映写会、資料展示会等を主催し、及びその
　　奨励を行うこと。

七　時事に関する情報及び参考資料を紹介し、及び提供すること。

八　学校、博物館、公民館、研究所等と緊密に連絡し、協力すること。

　また、『図書館法』第七条の２に規定があるように、図書館の基準として『図書館の設置及び運営上の望ましい基準』（平成24（2012）年12月文部科学省告示）が定められており、図書館はこの基準を踏まえ、図書館サービスの実施に努めなければならない。

　なお、従来から行われていた図書館サービスに加えて、近年では課題解決支援サービスに取り組む図書館も少なくない。[1]課題解決支援サービスは、利用者・住民の生活や仕事に関する課題、地域の課題の解決に向けた活動を支援するため、利用者・住民の要望や地域の実情を踏まえて実施されるサービスである。文部科学省生涯学習政策局に設置された、これからの図書館の在り方検討

協力者会議によって2006（平成18）年に発表された『これからの図書館像―地域を支える情報拠点をめざして―』で重要なサービスとして位置付けられた。

３．図書館の現状

2017（平成29）年現在の全国の公共図書館数は、3,296館であり、その内訳は、都道府県立図書館58館、市区立図書館2,599館、町村立図書館620館、私立図書館19館である。また、2015（平成27）年度『社会教育調査』によると、市（区）立図書館の設置率は98.4%、町立図書館の設置率は61.5%、村立図書館の設置率は26.2%であり、町村における図書館の振興は発展途上であると言える。

同調査から分かる2014（平成26）年度間の図書館の利用状況は次の通りである。まず、１施設当たりの利用者数は55,234人である。また、国民１人当たり貸出冊数は5.2冊（うち児童１人当たりの貸出冊数は28.4冊）、国民１人当たりの利用回数は1.5回（うち児童１人当たりの利用回数は3.0回）である。

４．図書館の管理と運営

2003（平成15）年の『地方自治法』改正によって、公立図書館は指定管理者制度を導入することが可能となり、民間事業者も管理や運営を行えるようになった。2015（平成27）年度『社会教育調査』によると、指定管理者が運営する図書館は、公立図書館全体の15.6%である。

また、『図書館法』第七条の３では、図書館が運営の状況について評価を行うとともに、その結果に基づき図書館の運営の改善を図るため必要な措置を講ずること、第七条の４では、図書館の運営の状況に関する情報を積極的に提供することが努力義務として規定されている。さらに、先述した『図書館の設置及び運営上の望ましい基準』には、管理運営に関する、より詳細な規定が示されている。

第7章　生涯学習・社会教育関係の施設　141

（第4節）博物館

1．博物館とは

　博物館とは、学術的諸資料の収集、保管、展示などの教育普及活動と、資料に関する調査研究を行うことを目的とする社会教育施設である。我が国では、1872（明治5）年に文部省が湯島聖堂大成殿において博覧会を開催したときの出品物をもとに設立された東京国立博物館が、近代的な博物館としては最初のものである。

　博物館に関する法令は、1951（昭和26）年施行の『博物館法』であり、第二条で博物館を次のように定義している。

　　　この法律において『博物館』とは、歴史、芸術、民俗、産業、自然科学等に関する資料を収集し、保管（育成を含む。以下同じ。）し、展示して教育的配慮の下に一般公衆の利用に供し、その教養、調査研究、レクリエーション等に資するために必要な事業を行い、あわせてこれらの資料に関する調査研究をすることを目的とする機関（社会教育法による公民館及び図書館法による図書館を除く。）のうち、地方公共団体、一般社団法人若しくは一般財団法人、宗教法人又は政令で定めるその他の法人（独立行政法人（独立行政法人通則法第二条第1項に規定する独立行政法人をいう。第二十九条において同じ。）を除く。）が設置するもので次章の規定による登録を受けたものをいう。

　この条文は、博物館の事業目的を示すとともに、設置主体と登録の有無に関する条件を設けていることから、法律上の博物館は、地方公共団体、一般社団法人若しくは一般財団法人、宗教法人または政令で定めるその他の法人（日本赤十字社または日本放送協会）が設置し、登録を受けた（都道府県教育委員会

の審査を受けた）施設ということになる。このような法律上の博物館を「登録博物館」という。

　ただし、博物館には、登録博物館以外にも、一定の要件を満たし、登録博物館に類似する事業を行う施設で、文部科学大臣あるいは都道府県教育委員会の指定を受けた「博物館相当施設」、『博物館法』の適用外であるが、登録博物館と同種の事業を行う「博物館類似施設」がある。

　また、博物館は、収集・保管・調査研究の対象の違いにより、総合博物館、人文系博物館（歴史博物館、美術館、文学館など）、自然系博物館（科学博物館、動物園、植物園、水族園など）に分けられる。

　博物館が、前述の目的を達成するために行う事業については同法第三条に規定があるが、それを整理すると、①資料を収集、整理・保管・育成して展示すること、②資料の調査研究を行うこと、③調査研究の成果を発表すること、④講演会、講習会、研究会等の教育・啓蒙活動を行うこと、⑤その他となる（第6章第3節の2を参照）。

２．博物館の現状

　2015（平成27）年10月現在、博物館（登録博物館および博物館相当施設、以下同じ）は1,256館、博物館類似施設は4,434館設置されている。2008（平成20）年頃までは年々増加していたが、それ以降はほぼ横ばいである。種類別では、博物館については歴史博物館（35.8％）と美術館（35.1％）が多く、博物館類似施設については歴史博物館（64.3％）が6割以上を占める。

　2014（平成26）年度の博物館と博物館類似施設の年間入館者数は2億7,999万6千人で、入館者数に関してはここ10数年間、あまり大きな変動がない。種類別の入館者数は歴史博物館（8,032万2千人）、美術館（5,467万2千人）、科学博物館（3,561万1千人）、動物園（3,261万5千人）の順で多い。

　公立の施設の管理運営は直営が多いが、指定管理者制度を導入しているとこ

ろが、博物館では21.8%、博物館類似施設では29.9%を占め、2006（平成18）年から2015（平成27）年の10年間でそれぞれ7.9ポイント、13.2ポイント上昇している。また、ＰＦＩ（民間資本主導、Private Finance Initiative）による事業化も進んでおり、近年、民間資本主導的に活用する傾向がある。

3．博物館の生涯学習施設としての役割

博物館の教育普及と調査研究の２つの機能のうち、従来は調査研究に重点が置かれる傾向があった。しかし、２つの機能は相互に関連しあっており、また、住民の理解と協力が得られなければ博物館自体を維持・発展させることがむずかしいことから、今日では、教育普及活動を充実させ、地域の住民や団体が「交流」、「参画」・「連携」できる生涯学習の支援施設として役割を果たすことが期待されている。

例えば、学校との連携活動もその一つであるが、活動を充実させるためには、学校が活用しやすいように教育課程に応じた、体験・参加型の学習プログラムや教材の開発が必要である。また、成人の学習活動の支援に関しては、講座や講演会などの学習機会の充実を図ること、博物館資料を活用した、地域課題の解決や住民の連帯意識の向上をねらいとした学習機会を、他の施設や地域の団体などと連携して設けること、イベントへの参加だけでなく、学習者が継続的に博物館を利用して学習できる仕組を充実させることなどが必要となる。

また、2008（平成20）年の『博物館法』の改正では、博物館が行う事業に「学習の成果を活用して行う教育活動の機会を提供する事業」が追加された。従来から、博物館は施設ボランティアの養成と活用に取り組んできたが、幅広くボランティアを受け入れながら、一緒に事業を企画したり運営したりすることが一層求められている。

なお、同法の改正により、博物館には、自己点検・評価の実施と住民への運営に関する情報の公表が努力義務として課せられた。計画（Plan）、実行（Do）、

評価（Check）、改善（Act）のPDCAサイクルに基づく事業改善を進める上でも、また、博物館事業への住民の理解と参加・協力を得るためにも、これらの実施が不可欠である。

第5節　青少年教育施設

1．青少年教育施設の捉え方

　我が国の青少年教育施設には様々な捉え方があるが、社会教育調査（基幹統計調査）での捉え方を参考にすれば、青少年のために団体宿泊訓練又は各種の研修を行い、あわせてその施設を青少年の利用に供する目的で、地方公共団体または独立行政法人が設置した社会教育施設のことを指す。「青少年教育施設」という名称は、青年の家、少年自然の家、青少年交流の家、青少年自然の家、青少年会館、青少年センター、野外活動センター、児童文化センターなどの総称で、各施設は、主たる利用対象や設置環境、実施可能な活動の特徴などに応じた名称が付けられている。

　戦後の社会教育が施設中心主義と言われているように[3]、これまでの青少年教育施設の整備もその動向と相俟って進められてきた。その間、ナショナルセンターとしての機能を持つ施設（独立行政法人 国立青少年教育振興機構における各施設）も設置されるなど多様化してきたが、施設種別の多くは青年の家と少年自然の家に大別される[4]。ここでは社会教育調査で用いられている施設種別に従い「青年の家」、「少年自然の家」を取り上げて説明する。なお、国立の青少年教育施設は、2006（平成18）年度の独法再編により、独立行政法人 国立青少年教育振興機構の施設となり、旧「国立○○青年の家」は「国立○○青少年"交流"の家」へ、旧「国立○○少年自然の家」は「国立○○青少年"自然"の家」へ、それぞれ名称変更された。

第7章　生涯学習・社会教育関係の施設　145

２．青年の家

　青年の家（「青年の家」以外の名称を用いている施設も含む）は、宿泊機能を持つ宿泊型の青年の家と、宿泊機能を持たない専ら日帰り利用としての非宿泊型の青年の家に分けられる。

　宿泊型の青年の家は、「団体宿泊訓練を通じて、規律・協同・友愛・奉仕等精神をかん養し、心身共に健全な青年の育成を図るための施設」（社会教育調査）のことを言う。昭和30年代（1950年代後半）に入り、文部省（当時）によって、勤労青少年教育施設や青少年野外訓練施設が設置され、さらに規模が大きく、職業に関する実験実習設備を持つ職業技術教育施設を「青年の家」と称して設置されるようになった。このように設立当初の青年の家は様々な目的を持っていたが、宿泊を通じての研修・交流等の効果が浸透することにより、徐々に団体宿泊訓練を目的とする性格を強めていった。[5] なお、「国立〇〇青少年“交流”の家」も施設種別上はこの宿泊型の青年の家に含まれる（社会教育調査）。

　一方、非宿泊型の青年の家は、「青年の日常生活に即した交友と研さんの場を提供し、青年の研修、団体活動の助長を図るための施設」（社会教育調査）のことを言う。こちらは、我が国の高度経済成長とともに都市部への青年の集中が見られるようになったのと同時に、都市の生活に適応できない等の問題を抱えてしまった地方出身の青年を対象に、日常的な交友と研さんの場としての「都市型青年の家」の整備が始まったことによるものである。

３．少年自然の家

　少年自然の家（「少年自然の家」以外の名称を用いている施設も含む）は、「少年を自然に親しませ、団体宿泊訓練を行い、野外活動、自然探求等を通じてその情緒や社会性を豊かにし、心身ともに健全な少年の育成を図るための施設」（社会教育調査）を言う。この施設の整備は、昭和40年代（1960年代後半）以降、高度経済成長などによる地方から都市部への人口集中、それに伴う都市

開発等によって、自然からの隔絶や遊び場の宅地化などが進み、子ども達が関わるべき自然環境が日常から失われているという問題に応えるためのものである。[6] こちらも宿泊型青年の家と同様に宿泊機能を持つものであるが、特に、山岳・海浜・河川・高原・湖畔など多様な立地環境にあることから、それぞれの立地環境に応じた野外活動等を通じての教育効果もねらいとしている。なお、「国立○○青少年"自然"の家」も施設種別上は少年自然の家に含まれる（社会教育調査）。

4. 実施事業

　青少年教育施設が実施する事業としては、大別すると主催事業と受入事業の二つがあげられる。

　主催事業（企画事業と呼ぶ施設もある）は、当該の青少年教育施設の設置目的や運営方針を実現するために、施設が自ら計画を立て、参加者を募集する事業のことを言う。その内容は多岐に渡り、地域課題に対応した事業、現代的課題に取り組む事業、青少年教育指導者の養成・資質向上を目的とした研修事業など様々である。

　受入事業（研修支援事業と呼ぶ施設もある）は、学校、青少年団体・グループなど、青少年の健全育成を目的とする団体等（以下、利用団体）が自らの計画に基づき実施する活動、及びその活動の効果的な実施のために施設が利用団体に行う指導・助言等のことを言う。受入事業も当該の青少年教育施設の設置目的や運営方針に沿って行われており、その実施にあたり施設は、事前打合せにおける活動計画作成の指導・助言、活動実施における安全管理・安全指導、施設利用に関わる生活指導などの様々な支援を利用団体に向けて行っている。

　なお、その他にも、施設の特徴に応じて、青少年教育に関わる団体・施設間の相互の連絡及び交流を促進するための事業や、青少年教育に関わる調査及び研究を実施しその成果を公開・普及するための事業などが行われることもある。

5．青少年教育施設の今日的課題

　指定管理者制度等の導入により、青少年教育施設にあってもその管理運営をNPOや民間団体などが担うなどの変化が見られるようになってきたが、それに伴う今日的課題としては、青少年教育に関わる地域団体や地域に根ざしたNPOの育成があげられる。そのことにより、本来的な意味での地域住民の参画による青少年教育施設の運営を通じての地域の教育力向上が期待される。

(第6節) 女性教育施設

1．男女共同参画社会の形成

　「男女共同参画」ということばが政策の場で初めて使われたのは、1991（平成3）年の婦人問題企画推進本部の提言「男女共同参画型社会システムの形成」においてである。この提言を受けて、単に女性の参加の場を増やすだけでなく、その場において政策・方針の決定、企画等に加わるなど、より主体的な参加姿勢を明確にするため、これまでの「男女共同参加」から「男女共同参画」に改められた。そして、男女共同参画社会を実現するための基礎的な条件づくりの法律が必要であることから、1999（平成11）年6月23日に男女共同参画社会基本法が公布・施行された。男女共同参画社会について、男女共同参画社会基本法第二条では、「男女が、社会の対等な構成員として、自らの意思によって社会のあらゆる分野における活動に参画する機会が確保され、もって男女が均等に政治的、経済的、社会的及び文化的利益を享受することができ、かつ、共に責任を担うべき社会」と定義している。我が国の男女共同参画政策の推進は、内閣府男女共同参画局を中心に、男女共同参画推進本部、男女共同参画会議、男女共同参画推進連携会議などの組織によって行われている。また、文部科学省においても、「第4次男女共同参画基本計画」（平成27（2015）年12月25日閣議決定）に示された施策の方向性等に基づき、男女共同参画を推進し多様な選択を可能にする教育・学習機会の充実を図るため、様々な取組を行っている。と

りわけ、こうした男女共同参画を推進するための施設として、学習機会の提供や様々な事業を展開しているのが女性教育施設である。

2．女性教育施設

　文部科学省が主管し 3 年ごとに実施されている社会教育調査の結果をもとに、我が国の女性教育施設の現状を確認する。社会教育調査では、女性教育施設を「女性又は女性教育指導者のために各種の研修又は情報提供等を行い、あわせてその施設を女性の利用に供する目的で、地方公共団体、独立行政法人又は一般社団法人・一般財団法人・公益社団法人・公益財団法人が設置した社会教育施設」としている。2015（平成27）年度の調査結果によると、全国に367の女性教育施設があるが、その数は公民館（14,841）、図書館（3,331）、博物館（1,256）、青少年教育施設（941）と比べても少ない状況にある。

　女性教育施設を設置者別に見ると独立行政法人が 1 施設、都道府県が45施設、市（区）町村が231施設、一般社団法人・一般財団法人・公益社団法人・公益財団法人組合が90施設となっている。公立の276施設のうち34.1％にあたる94施設で指定管理者を導入して運営されている。また、職員数は、3,540人となっており、2005（平成17）年度に比べて約 3 倍に増えている。また、全職員に占める女性職員の比率は、社会教育施設の中で最も高く、80％を超えている。指導系職員に限って見ると、女性の占める割合は、図書館司書（88.4％）、図書館司書補（85.6％）に次いで高く84.0％となっている。

　各都道府県が設置する男女共同参画のための総合的な施設の名称を概観すると、「男女共同参画（推進）センター」が最も多いが「男女共生センター」、「女性総合センター」、「女性プラザ」、「共同参画プラザ」、「男女共同参画交流センター」などの施設名称もある。

　女性教育施設は、主に女性教育関係者や一般女性のための各種の研修、交流、情報提供などの事業を行うとともに、女性団体などが行う各種の女性教育活動

第7章　生涯学習・社会教育関係の施設　149

の拠点として、女性の資質・能力の開発や知識・技術の向上を図ることを主たる目的としている。しかし、近年は、「男のライフセミナー」、「パパの育児応援塾」や「自立支援講座」など、仕事と家庭・地域活動の両立を支援するための様々な学習事業が展開されており、男女ともに利用できる施設となっている。

3．独立行政法人国立女性教育会館（NWEC）

　我が国における代表的な女性教育施設としては、独立行政法人 国立女性教育会館（ヌエック、NWEC：National Women's Education Center、以下、ヌエック）がある。ヌエックは女性教育に関するナショナルセンターであり、その設立は、前身である国立婦人教育会館が文部省（当時）の附属機関として、1977（昭和52）年に創設されたところまで遡ることができる。国立婦人教育会館は、2001（平成13）年に国立女性教育会館へと改称され、同年4月に現在のヌエックが設立された。これまでの利用者数は、1987（昭和62）年には100万人、1996（平成8）年には200万人、2006（平成18）年には300万人を超えて、設立から40年目となる2016（平成28）年には約450万人の延べ利用者数となっている。利用形態も、日帰りが約70％、宿泊が約30％である。女性しか利用できないとイメージしがちであるが、年齢性別を問わずに利用することができる。開館当初は、女性8割に対し、男性2割の比率であったが、少しずつ男性の利用も増加してきている。

　独立行政法人国立女性教育会館法第三条の目的は、「女性教育指導者その他の女性教育関係者に対する研修、女性教育に関する専門的な調査及び研究等を行うことにより、女性教育の振興を図り、もって男女共同参画社会の形成の促進に資することを目的とする」と規定されている。この目的を達成するために、ヌエックでは、女性教育にとどまらず、幅広く男性、若年層、大学や企業等を対象とした事業を展開し、第4次男女共同参画基本計画等に沿って、研修、調査研究、広報・情報発信、国際貢献を推進・実施している。男女共同参画社会の

実現に向けた人材の育成を図る研修事業として、2018（平成30）年度には「地域における男女共同参画推進リーダー研修」、「男女共同参画推進フォーラム」、「企業を成長に導く女性活躍促進セミナー」、「学習オーガナイザー養成研修」を実施している。また、埼玉県比企郡嵐山町の自然にめぐまれた環境の中に位置する施設は、東京ドーム約2個分の敷地に、本館、宿泊棟（部屋数160室）、研修棟（約600人が利用できる講堂、19の会議室・研修室）、実技研修棟、体育施設、茶室など、多様な目的に対応できるように整備されている。さらに、本館には、男女共同参画および女性・家庭・家族に関する専門図書館としての機能を持つ女性教育情報センターや、女性教育や男女共同参画施策等に関わった全国的な女性団体や女性の史・資料の収集・整理・保存・提供を行っている女性アーカイブセンターがある。

4．女性の活躍と課題

　女性の活躍推進を図るため、2015（平成27）年に「女性の職業生活における活躍の推進に関する法律（女性活躍推進法）」が制定された。これを機に、保育の受け皿整備の加速化、企業における女性役員の登用に向けた企業への働き掛けなど、様々な取組が行われ、我が国の女性活躍の状況は少なからず前進している。しかし、様々な領域においては、未だに「男性の方が優遇されている」と感じている男女も多く、いわゆる「男社会」は根強く残っていると言わざるをえない。女性が抱える様々な困難が、解決すべき課題として認識されていなかったり、課題として認識されていてもその課題を解消するための取組が不十分であったりするなどの現状が指摘されている。

　例えば、妊娠や出産、更年期といった各ライフステージでの女性特有の健康上の課題、男女間の不合理な賃金格差、ひとり親女性が抱える困難、セクシュアル・ハラスメントを含む人権侵害や女性に対する暴力など、女性が直面している課題は今なお多い。女性の活躍の場の拡大を更に推進するためには、こう

第7章　生涯学習・社会教育関係の施設　151

した課題の解決に向けて、全力で取り組むことが必要であり、女性教育施設の果たすべき役割と期待は大きいと言える。

第7節　スポーツ施設

1．スポーツ施設の捉え方

　スポーツ施設の明確な定義はないが、スポーツ基本法（2011（平成23）年）ではスポーツを「心身の健全な発達、健康及び体力の保持増進、精神的な充足感の獲得、自律心その他の精神の涵（かん）養等のために個人又は集団で行われる運動競技その他の身体活動であり、今日、国民が生涯にわたり心身ともに健康で文化的な生活を営む上で不可欠のもの」（前文）と捉えており、これに従えば、このような広範囲な活動を行うための施設の全てがスポーツ施設である。

　体育・スポーツに関する統計調査では、①学校体育・スポーツ施設、②大学（短期大学）・高等専門学校体育・スポーツ施設、③公共スポーツ施設（社会体育施設および社会教育施設（公民館等）等に付帯するスポーツ施設）、④民間スポーツ施設の4つが調査対象[8]で、広義にはこの全てがスポーツ施設である。

　このうち社会教育に直接関わるスポーツ施設は上述の③及び④の施設が相当するが、①や②の施設も社会教育の活動として利用されることがある。特に、③の社会体育施設及び④については、社会教育調査（基幹統計調査）によると、前者は一般の利用に供する目的で地方公共団体が設置した体育館、水泳プール、運動場等のスポーツ施設（但し、青少年教育施設等に附帯する体育施設は対象外）、後者は一般の利用に供する目的で独立行政法人又は民間が設置した体育館、水泳プール、運動場等のスポーツ施設（但し、企業の職員の福利・厚生用の施設は対象外）と捉えている[9]。ここで言う社会体育は、社会教育法第二条「……学校の教育課程として行われる教育活動を除き、主として青少年及び成人として行われる組織的な教育活動（体育及びレクリエーションの活動を含む。）」の"体育"の活動を指す。なお、体育は「生活における身体活動を助成し、啓発す

152

る社会的努力」を意味する。

また施設種別も多岐に渡り、上述の体育・スポーツに関する統計調査では、陸上競技場、野球場・ソフトボール場、球技場、多目的運動場、水泳プール（屋内・屋外）、レジャープール、ダイビングプール、体育館、柔道場、剣道場、柔剣道場（武道場）、空手・合気道場、バレーボール場（屋外）、庭球場（屋外・屋内）、バスケットボール場（屋外）、相撲場（屋外・屋内）、卓球場、弓道場、アーチェリー場、馬場、アイススケート場（屋内・屋外）、ローラースケート・インラインスケート場（屋外・屋内）、山の家（山小屋、避難小屋を含む）、トレーニング場、レスリング場、ボクシング場、ダンス場（ダンススタジオ）、射撃場（ライフル・けん銃・クレー等）、ゴルフ場、ゴルフ練習場、ボウリング場、漕艇場、ゲートボール・クロッケー場、スカッシュ・ラケットボール場、ヨット場（マリーナ）、スキー・スノーボード場、キャンプ場、ハイキングコース、サイクリングコース、オリエンテーリングコース、ランニングコース、冒険遊具コース、海の家・海水浴場等の施設、河川・湖沼等の遊泳場、スカイスポーツ施設、体操競技場が具体的種別としてあげられている。

2．スポーツ施設の現状

我が国では、「スポーツ立国戦略」（2010（平成22）年）をスポーツ政策の基本的方向性に掲げており、スポーツ基本法はその方向性に沿ってスポーツ振興法（1961（昭和36）年）を改正して制定された。上記の戦略は、我が国の新たなスポーツ文化の確立を目指し、人（する人、観る人、支える（育てる）人）の重視及び連携・協働の推進の2点を基本的な考え方としている。

その上でスポーツ施設については、全ての国民が安全かつ公正な環境下で日常的にスポーツに親しみ、スポーツを楽しみ、スポーツを支える活動に参画することのできる機会を確保されるよう整備・運営が進められている。我が国のスポーツ施設は、次のア〜クの特徴を持っているため、地方公共団体はそれぞ

第7章　生涯学習・社会教育関係の施設　153

れの事情に応じて、安全なスポーツ施設を持続的に提供し、国民が身近にスポーツに親しむことのできる環境を整備する必要があるとされている。

　ア．様々な施設種別がある

　スポーツもスポーツ施設の種別も多種多様で、複数種目が実施できる施設（体育館など）もあれば、実施できる種目が限られる施設もあり、スポーツ施設を必要としないスポーツも多い。

　イ．目的に応じて最適な施設の規模や仕様が異なる

　一定規模以上の競技大会等を開催できる規模の施設は、大会にそくし同時に複数の競技者や試合が行えるような規模・仕様が求められるため、地域住民が日頃の運動のために利用するには過剰な施設となっている場合がある。

　ウ．利用料金の見直しも含めて検討の余地がある

　現在、スポーツ施設の多くは利用料金が設定されているが、スポーツ施設をより長期間、安全に利用できる状況を維持するためであれば、利用料金について柔軟な検討、運用を行う余地がある。

　エ．防災施設として位置付けられている

　社会体育施設である体育館のうち7割が地域防災計画等で災害時の避難施設である（社会教育調査）。スポーツ施設の多くが避難所、避難場所、防災拠点等として災害時に使用するため、備蓄や貯水等の機能を持っている場合がある。

　オ．周辺地方公共団体や民間との連携が想定しやすい

　広域連携により周辺地方公共団体や都道府県とそれぞれが保有するスポーツ施設の役割分担を行ったり、既存の民間施設の利用を促進したりすることにより、地方公共団体が自ら多様なスポーツ施設を保有する必要がない場合がある。

　カ．学校内にも多くのスポーツ施設が存在している

スポーツ施設のうち6割が小中高等学校等にあるが、スポーツ基本法第十三条で「学校教育法第二条第二項に規定する国立学校及び公立学校の設置者は、その設置する学校の教育に支障のない限り、当該学校のスポーツ施設を一般のスポーツのための利用に供するよう努めなければならない」とされている。

キ．所管が複雑である

地方公共団体所管のスポーツ施設には、社会体育施設、社会教育施設に附帯するスポーツ施設、都市公園内の運動施設があり、さらに、学校、港湾、農業、福利厚生等の関係部局の所管施設もある。都市公園内に社会体育施設が立地されている場合もある。

ク．民間ノウハウの活用が見込まれる

既に民間事業者によるビジネスが成立しているスポーツ施設もあることから、民間ノウハウをさらに活用できるよう施設運用等における自由度を認めれば、利用者に対するサービスの向上と財政負担の軽減を図ることが可能である。

特に、第2期スポーツ基本計画（2017〜2021年度）にあっては、スポーツ施設のストックの適正化、および安全で多様なスポーツ環境の持続的な確保を目指している。その背景に、施設の老朽化と財政状況の悪化の中で安全な施設の提供が困難となっていること、少子高齢化を迎え地域ごとに求められるスポーツ施設の量や質が変化していくことなどがあげられている。そこで、既存施設の有効活用や、オープンスペース等のスポーツ施設以外の創出を目指している。

注

（1）　全国公共図書館協議会『公立図書館における課題解決支援サービスに関する報告

第7章　生涯学習・社会教育関係の施設　155

書』、2016（平成28）年。
（2）　日本図書館協会『日本の図書館　統計と名簿』、2018（平成30）年。
（3）　山本恒夫「社会教育と生涯学習」（日本生涯教育学会『生涯学習研究 e 事典』平成
　　　18年1月27日登録 http://ejiten.javea.or.jp/）。
（4）　なお社会教育調査では、児童文化センターや野外教育施設も施設種別の一つとし
　　　てあげられている。
（5）　伊藤俊夫「青少年教育施設の変遷」、独立行政法人国立オリンピック記念青少年総
　　　合センター編『青少年教育施設職員の手引・改訂版』同、平成15年、19〜23頁。
（6）　澁谷健治「少年自然の家」、前掲『青少年教育施設職員の手引・改訂版』、30〜35
　　　頁。
（7）　国立女性教育会館の英語名称「National Women's Education Center」の頭文字
　　　「NWEC」をとって、愛称として「ヌエック」と言う。
（8）　スポーツ庁「体育・スポーツ施設現況調査」（http://www.mext.go.jp/sports/b_
　　　menu/toukei/chousa04/shisetsu/1368149.htm、2019（平成31）年1月6日閲覧）を
　　　参照。
（9）　文部科学省「社会教育調査 − 用語の解説」（http://www.mext.go.jp/b_menu/
　　　toukei/chousa02/shakai/yougo/1286911.htm、2019（平成31）年1月6日閲覧）を
　　　参照。
（10）　粂野豊「スポーツ・レクリエーション」（伊藤俊夫・河野重男・辻功編著『新社会
　　　教育事典』（第一法規、1983（昭和58）年）311〜314頁）311頁。
（11）　文部科学省「スポーツ立国戦略」（http://www.mext.go.jp/a_menu/sports/
　　　rikkoku/1297182.htm、2019（平成31）年1月6日閲覧）を参照。
（12）　スポーツ庁『スポーツ施設のストック適正化ガイドライン』（2018（平成30）年
　　　3月）1．3．を参照。

参考文献
- 小川義和・五月女賢司編著『挑戦する博物館』ジダイ社、2018（平成30）年
- 女性活躍加速のための重点方針2018　平成30（2019）年6月12日
　　　すべての女性が輝く社会づくり本部
　　　http://www.gender.go.jp/policy/sokushin/pdf/jyuten2018_honbun.pdf
- 国立教育政策研究所社会教育実践研究センター編『平成21年度　生涯学習推進センタ
　ー等の新たな役割に関する調査研究報告書』、2010（平成22）年

- 文部科学省編『文部科学白書（平成19年度）』2008年
- 伊藤俊夫編著『変化する時代の社会教育（改訂版）』全日本社会教育連合会、2007（平成19）年
- これからの図書館の在り方検討協力者会議『これからの図書館像—地域を支える情報拠点をめざして—』、2006（平成18）年
- 『生涯学習推進センター等に関する生涯学習施策に関する調査』、2006（平成18）年
- 桑原達也「国立女性教育会館（ヌエック）」、伊藤俊夫編著『生涯学習・社会教育実践用語解説』全日本社会教育連合会、2002年、63頁
- 坂本登「第7章　社会教育施設　第6節　女性教育会館」の項、浅井経子編著『生涯学習概論』理想社、2002（平成14）年、142〜144頁
- 中央教育審議会『生涯学習の基盤整備について（答申）』、1990（平成2）年
- 文部科学省 http://www.mext.go.jp/
- 内閣府男女共同参画局ホームページ　http://www.gender.go.jp/index.html
- 独立行政法人国立女性教育会館ホームページ　https://www.nwec.jp/
- 数字でわかる NWEC　https://www.nwec.jp/about/number.html

第8章　学習成果の活用支援

第1節　学習成果の活用とその支援

1．学習成果の活用の定義と例

　学習成果の活用とは、習得した知識や技術、学習の仕方等を日常生活や職業生活に生かしたり、地域社会での活動に生かしたり、次のステップの学習活動に生かしたりすることである。学習成果の活用を学習との関係で捉えると、一般には図8-1に示すようになる。学習のインプット（input、投入するモノや情報等）には経費、労力、情報等が、学習のアウトプット（output、結果）には知識・技術を獲得することのほか、学習した結果として修了証、資格を得たり、学習活動を通して友人や仲間を得たりすることも含まれる。

　実は学習成果（learning outcome）も知識・技術を獲得することとされており、学習の結果（output）との違いが曖昧である。一方、学習成果の活用といった場合は、取得した資格を使ってキャリアアップを図ったり、学習仲間とボランティア活動を行ったりすることを言う場合が多い。そこで、ここではアウトプット（output）とアウトカム（outcome）の違いには立ち入らず、学習成果（learning outcome）とは、単なる学習した結果ではなく、"何ができるようになったか"と考えることにし、その証明は実際に学習成果を活用した行動で捉えられると考えることにする。

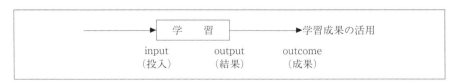

図8-1　学習活動と学習成果の活用

表 8-1　学習成果の活用の例

1．次の段階の学習活動で生かす。
2．個人の家庭・日常生活の向上、職業生活の向上に役立てる
3．地域社会の発展に生かす
　1）学習成果の発表（発表会、展示会、同人誌、Web 上等）
　2）教材（学習ソフト）の作成
　3）行政等が行う事業の企画、運営への参画
　4）学習グループ等をつくり、自主講座やイベントを実施
　5）市民講座の講師・助言者
　6）家庭教育、スポーツ分野等の指導員や子育てサポーター
　7）学級講座等での手話通訳
　8）各種施設で活動（図書館で読み聞かせ、博物館の展示解説、福祉施設で介護補助）
　9）青少年の学校外活動（学社融合での諸活動を含む）の指導者、世話する人
　10）ボランティア活動に生かす（スポーツ競技大会等でのボランティア、自然保護、地域づくり、国際交流・貢献、学校支援ボランティア等）

　それでは、具体的に学習成果の活用にはどのようなことがあるのだろうか。**表8-1**にいくつかの例をあげておこう。

2．学習成果の活用の意義

　学習成果を活用することの意義としては、次のことがあげられる。

①成人は日頃の生活課題を解決するために学習する傾向が強く、学習成果の活用はその課題解決を意味している。就職、再就職、転職、あるいは健康維持等のために学習成果を生かしたりしている。
②生きがい追求のために学習する人の中には、学習成果を社会や他者のために生かすことで充実感や生きがいを得ようという人も多い。
③少子高齢化、人口減少による労働力不足や財政難の中、行政は従来のようなサービスができなくなりつつあり、人々の社会参加活動や社会貢献活動

が求められている。人々が学習成果を生かして社会や他者のために活動することが、社会からも必要とされている。

④行政でも、効率的で無駄のない事業を実施するためにアウトカム評価を含む事業評価が行われているが、学習成果の活用状況はその一つの指標となるため、学習成果の活用を促進する必要がある。

３．学習成果の活用支援についての法的根拠

第１章第３節で述べたように、『教育基本法』第三条により学習成果の活用支援は生涯学習支援の一環として法的にも位置付けられた。それを受けて、2008（平成20）年６月改正の『社会教育法』、『図書館法』、『博物館法』にも学習成果の活用支援が取り上げられた。

『教育基本法』第三条「生涯学習の理念」

第三条　国民一人一人が、自己の人格を磨き、豊かな人生を送ることができるよう、その生涯にわたって、あらゆる機会に、あらゆる場所において学習することができ、その成果を適切に生かすことのできる社会の実現が図られなければならない。

『社会教育法』第五条（市町村の教育委員会の事務）

十五　社会教育における学習の機会を利用して行った学習の成果を活用して学校、社会教育施設その他地域において行う教育活動その他の活動の機会を提供する事業の実施及びその奨励に関すること。

『図書館法』第三条（図書館奉仕）

八　社会教育における学習の機会を利用して行った学習の成果を活用して行う教育活動その他の活動の機会を提供し、及びその提供を奨励すること。

『博物館法』第三条（博物館の事業）

九　社会教育における学習の機会を利用して行った学習の成果を活用して行う教育活動その他の活動の機会を提供し、及びその提供を奨励すること。

4．学習成果の活用の類型

　学習成果についての研究は遅れており、その範囲や捉え方も曖昧である。ここでは学習成果の活用を捉える枠組を三つほど提示し、それに基づき類型化することにする。

　ⅰ 目的と場所から見た類型

　学習成果の活用の目的と活用する際の場所から、学習成果の活用を見ることにする。ここで言う目的とは誰のために活用するかということであり、場所とはどこで活用するのか、ということである。図8-2を見てみよう。生かす目的を「自分のために生かす」と「他者や社会のために生かす」に大別した。それ

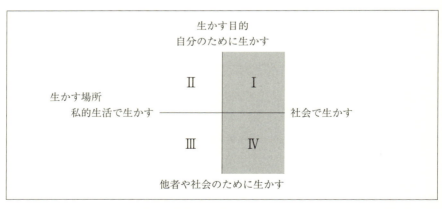

図8-2　目的と場所から見た学習成果の活用の類型

が縦軸である。生かす場所としては「私的生活で生かす」と「社会で生かす」に大別した。それが横軸である。

図8-2からⅠ～Ⅳの四つの象限を得ることができ、ここでは類型Ⅰ、類型Ⅱ、類型Ⅲ、類型Ⅳということにする。

類型Ⅰ：自分のために社会で生かす。例えば、就職、転職、キャリアアップ
　　　　等に生かす等。
類型Ⅱ：自分のために私的生活で生かす。例えば、生きがいの追求、自分の
　　　　学習活動や日常生活で生かす等。
類型Ⅲ：他者・社会のために私的生活で生かす。例えば、家族の健康のため
　　　　の食事づくりのために生かす等。
類型Ⅳ：他者・社会のために社会で生かす。例えば、ボランティア活動で生
　　　　かす等。

行政による支援の場合は私的生活まで入り込むことはできず、ⅡとⅢの類型は個々人に任されているため、学習成果の活用支援の対象となるのは主にⅠとⅣの類型である。

最近ではソーシャルビジネス、社会的企業、ＮＰＯ活動等の、自分のためでもあり他者や社会のためでもある活動が注目されている。自分の人生や生活のためでもあるが、営利が主たる目的ではなく、むしろ他者や社会のために貢献しようという活動である。そのような活動を考えると、学習成果の活用の目的（図8-2の縦軸）は必ずしも二分法で捉えきれなくなってきていることにも注意する必要がある。

ⅱ 活用する際の学習の種類と成果の証明の有無から見た類型
学習については多様な見方があるが、学習成果の活用といった場合には第1

章で述べた学習に限らず、様々な経験を含めた広範囲の学習を言うことが多い。例えば、子育てサポーターを募集する際には育児や家庭教育について学習した人ばかりでなく、育児経験のある人を対象にしているケースもよく見受けられる。

　経験等で得た成果の場合は、自己流であったり理論的な基礎知識を学んでいなかったりすることも多く、学び直しの必要があるケースが多いであろう。そのような点からも、生涯学習支援の一環としての学習成果の活用を支援する際には、学習の範囲をもっと検討する必要があるので、ここでは意図的な学習活動の成果であるか、経験等まで含めた成果であるかといった観点で学習成果の活用を分類した。

　一方、学習成果の証明とは、どの程度の成果を有しているかが他者にも判断できるような証明のことである。例えば、資格や修了証、活動証明などがそれにあたる。証明が無い場合には、どの程度の成果を獲得しているかは本人の申告に頼らざるを得ないが、証明があれば何らかの活動に受け入れる際に手がかりとなる。

　図8-3では、縦軸に「経験等」と「学習活動」に大別する軸をとり、横軸に学習成果についての証明がある場合と無い場合に分ける軸をとった。二つの軸を組み合わせると、この場合も四つの象限ができ、四つの類型を得ることができる。ここではⅰの類型と区別するために、タイプ1、タイプ2、タイプ3、タイプ4と名付けることにした。

　タイプ1〜タイプ4について簡単に説明することにしよう。

　タイプ1：日常経験、職業経験等の中で学んだことを生かす場合で、経験等
　　　　　の中で学んだ知識・技術についての証明がある場合。例えば、講
　　　　　師経験（講師依頼書等がある）、活動証明のあるボランティア活動
　　　　　経験等を生かす。

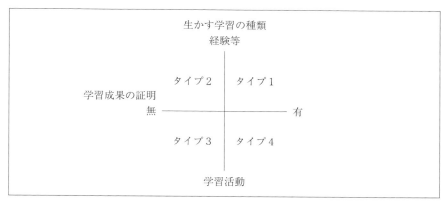

図8-3 活用する際の学習の種類と成果の証明の有無からみた類型

タイプ2：日常経験、職業経験等の中で学んだことを生かす場合で、経験等の中で学んだ知識・技術についての証明がない場合。例えば、育児経験、介護経験、職業経験等を生かす。

タイプ3：意図的な学習活動の中で学んだことを生かす場合で、学んだ知識・技術についての証明がない場合。例えば、読書や研究等で身に付けた知識・技術を生かす。

タイプ4：意図的な学習活動の中で学んだことを生かす場合で、学んだ知識・技術についての証明がある場合。例えば、資格、免状、認定証、修了証等を取得した学習成果を生かす。

ⅲ学習との時間的な関係から見た類型

次に、学習との関係から見た学習成果の活用の類型を取り上げる。一般的には、**図8-1**を見ても分かるように、学習と学習成果の活用との間にはタイムラグがある。しかし、必ずしもそうとは言えない場合もある。学習との時間的な関係で見ると学習成果の活用は、二つの類型に大別できる。ここではそれを類

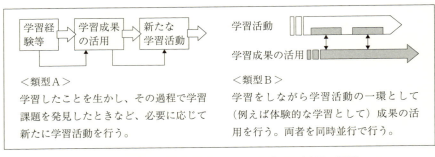

図8-4　学習との関係から見た学習成果の活用の類型

型Aと類型Bと呼ぶことにする。

　図8-4では類型A、類型Bのいずれも、左から右方向に時間が流れていることを示している（太い矢印）。細い矢印は学習活動と学習成果の活用の関係を示している。

　類型A：学習後に学習成果を活用するタイプで、学習と学習成果の活用との間にはタイムラグがある。何らかの学習をして、その成果を生かし、その中で新たな学習課題を発見することになれば、新たな学習活動が始まることになる。それを、図中では細い矢印で示している。学習活動と学習成果の活用が繰り返されて、学習活動がらせん状にレベルアップしていくとよく言われるが、そのような考え方が当てはまる。例えば、育児経験を生かして地域で子育て支援の活動を行い、現代の家庭教育の問題等について新たに学ぶ等。
　類型B：学習活動を行い、その一環に学習成果の活用を位置付けるタイプである。実際に学習成果を活用することの中で学ぶことも多い。例えば、体験学習やインターンシップ等。環境学習を行っている学習グループが学習活動として河川の清掃活動を行ったりするのもこの類

型に含まれる。

5．学習成果の活用支援の観点例

　学習成果の活用支援には様々なものがあろうが、それを検討する際の観点として、上記で述べた i 〜 iii の類型を組み合わせることも一つの方法である。

　表 8 - 2 を見てみよう。 i の類型については、上述したように活用支援の主な対象は類型 I と IV になるので、それらのみを取り上げた。類型 I の活用支援は就職、再就職、転職等に関わる支援があげられるが、生涯学習推進領域では地域づくりに関わる施策が多いので、ここでは類型 IV を中心に学習成果の活用支援の観点を見ることにして、類型 I については類型 IV に準じると考えることにする。

　 ii の類型の内容面から見た支援策としては、例えば、タイプ 1 の場合には「活動経験を生かす機会を紹介・提供」等があげられ、タイプ 2 の場合には「生活・職業経験を生かす機会を紹介・提供」等が、タイプ 3 の場合には「学び方等の学習経験を生かす機会の紹介・提供」等が、タイプ 4 の場合には「取得した資格、免状、修了証、認定証等を使って学習成果を生かす機会の紹介・提供」等があげられる。

　また、 iii の類型Aの場合にはどの程度の成果を有しているかを見極め、学習成果を生かして活動するのに知識・技術が不足していると思わる場合には「能力を向上させる研修等の機会の提供・紹介」が必要になる。類型Bの場合には、学習者が学習活動を行っている状態にあるので、「行っている学習との関係で不足しているところの学習課題を提示」等が支援としてあげられる。

　ここで示した学習成果の活用支援の観点は一例にすぎないが、学習成果の活用支援を推進するためには何らかの枠組をつくって検討することが必要になるであろう。

表8-2　学習成果の活用支援の観点

ⅰの類型 （目的）	ⅱの類型 （内容）	ⅲの類型 （学習との関係）	学習成果の活用支援
類型Ⅰ： 自分のた めに社会 で生かす	下記の類型Ⅳに準じる		就職、再就職、転職等の機会の紹介、相談、研修等の実施。（仕事移動診断、キャリア・カウンセリング等を含む。）例：ニート、フリーターの新たなチャレンジ支援等。
類型Ⅳ： 他者のた めに社会 で生かす	タイプ1： 講師経験、ボランティア経験等	類型A： 学習後に活用し、必要に応じ新たな学習活動	活動経験を生かす機会を紹介・提供し、不足している能力を向上させる研修等を実施。
		類型B： 学習活動の一環として学習成果を活用	———————
	タイプ2： 育児、介護、職業等の経験	類型A： 学習後に活用し、必要に応じ新たな学習活動	生活・職業経験を生かす機会を紹介・提供し、不足している能力を向上させる研修等を実施。
		類型B： 学習活動の一環として学習成果を活用	———————
	タイプ3： 読書、自分で研究等	類型A： 学習後に活用し、必要に応じ新たな学習活動	学び方等の学習経験を生かす機会を紹介・提供し、不足している能力を向上させる研修等を実施。
		類型B： 学習活動の一環として学習成果を活用	学び方等の学習経験を生かす機会を紹介・提供し、行っている学習との関係で不足しているところの学習課題を提示。
	タイプ4： 資格、免状、認定証、修了証等を取得済み	類型A： 学習後に活用し、必要に応じ新たな学習活動	資格等の活用機会を紹介・提供し、不足している能力を向上させる研修等を実施。
		類型B： 学習活動の一環として学習成果を活用	資格等の活用機会を紹介・提供し、行っている学習との関係で不足しているところの学習課題を提示。

注　——を入れたところは、生活経験等の中で知らず知らずのうちに身に付けた知識や技術の活用であるため、学習活動は行っていないので、存在しない。

第8章　学習成果の活用支援　167

第2節　生涯学習と評価

1．生涯学習に関わる評価の種類と意義

　生涯学習領域でよく取り上げられる評価には「学習評価」や「学習成果の評価」がある。さらに生涯学習を推進する行政等にあっては、他の行政同様に「事業評価」、「政策評価」などがある。

　第1章で述べたように、生涯学習推進領域で言う学習とは主として意図的な活動の中で生じる意識、考え方や行動の仕方の変化、あるいはその過程であるので、「学習評価」といった場合は意識や考え方、行動の仕方が変わったかどうか、変わった場合どの程度、あるいはどのように変わったかについての評価ということになる。それに対して、「学習成果の評価」は広義には学習評価であるが、一般には、その中でも学習したことについての社会的な評価を意味することが多い。一方、生涯学習領域の「事業評価」は生涯学習関係事業に対しての評価であり、「政策評価」は生涯学習政策に対しての評価である。これらは生涯学習支援の状態を評価することになる。

　評価は基本的には、より良い状態への向上を図って改善するために行うものである。但し、「学習成果の評価」は学習評価の一部として学習活動の状態を改善するために利用されることもあるが、学習成果を社会で活用するために利用される場合が多い。

　ここでは評価の基本として評価の定義と種類を取り上げ、その上で学習評価と学習成果の評価を中心に説明することにする。

2．評価の定義と種類

（1）　評価とは

　評価とは、活動等の実態を分析・測定し、その結果を解釈・価値判断することである。その場合、目標の達成度でもって解釈・価値判断することを基本と

している。但し、目標の達成度とは別に何らかの観点を立て、一定の基準に対して評価する観点別の評価もある。観点の例としては、満足度や必要性などがあげられる。

(2)　評価の種類

　評価法には様々なものがあり、①誰が評価するか、②いつ評価するか、③何を評価するか、④どのように測定して評価するか、⑤何を基準に評価するか等で分類でき、それらを組み合わせて一つの評価が実現することになる。ここでは学習評価の視点から簡単に説明する。

①　誰が評価するか
・自己評価：学習者自身が評価する。
・他者による評価、第三者評価：学習者同士が相互に評価する、講師や専門家が評価する、資格等を付与する機関が評価する、などがあげられる。
・自己評価したものに基づき第三者が評価：まず学習者自身が自己評価し、その結果を専門家や学習相談員等にみてもらい評価してもらう、などがあげられる。

②　いつ評価するか
・事前評価、診断的評価：学習を始める前にすでにどの程度の知識技術を有しているか等を評価する。自分のレベルや関心にあった計画を立てるときなどに行う。
・形成的評価、実施評価：学習を継続している途中で、軌道修正等のために行う。毎回行う振り返り、毎週あるいは毎月行うなどがある。目標からずれていないか、学習上の問題はないかなどを探り、学習の仕方を改善するために行う。教育関係では形成的評価ということが多い。
・総括的評価：学習が一段落した後や終了した後に行う。評価することによ

り、次のステップの学習や学習成果を生かした活動につながるようにする。
③　何を評価するか
・プロセス評価：学習している状態や取組方についての過程を評価する。特に学習の仕方等を評価することになる。目標の達成度を評価する場合もあるし、いつまでに行うかを計画時に定め、予定通りできたかを評価する期間評価もある。
・アウトプット評価：学習によって知識や技術が身に付いたかどうか、言いかえれば意識、考え方や行動の仕方が変化したかどうかなどを評価する。
・アウトカム評価：学習成果を生かして生活の改善が図れたか、社会参画・参加ができたかどうかなどを評価する（図8-5を参照）。
④　どのように測定して評価するか
・定量的評価：量的評価とも言う。点数などの量で把握し評価する。
・定性的評価：質的評価とも言う。質の面を評価する。
⑤　解釈の基準を何にして評価するか
・絶対評価：一定の基準を設けて、それに達しているかどうかで評価する。
・相対評価：集団の平均値、モデルとなる他者と比較して評価する。
・個人内評価：過去の自分を基準に過去と比較して評価する。
・時系列評価：過去から同じインターバルで測定し、傾向性等を見て評価する。

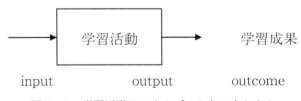

図8-5　学習活動のアウトプットとアウトカム

3．学習に関わる評価

(1) 学習評価

学習評価とは、学習した成果を学習目標に照らし、どれだけそれを達成したかを測定し、解釈することである。学習成果の実態を何らかの尺度を用いて測定し、測定結果について「よくできた」、「できなかった」あるいは「合格」、「不合格」などと解釈・価値判断する。

誰が評価するかについては、自由に行われる生涯学習領域の学習評価の場合、特に成人の学習にあっては自己評価が基本であろう。但し、「学習成果の評価」等の社会的評価は後述するように他者による評価になる。

いつ評価するかについては、学習計画を立てる段階での評価は事前評価であり、毎日あるいは毎週、評価するということであれば形成的評価になる。一つの学習活動が終了したときに行う評価であれば総括的評価ということになる。

また、問題集などを使って点数化して評価することもあろうが、自己評価なので振り返り反省する定性的な評価が多いであろうし、個人内評価や時系列評価が比較的やりやすいと考えられる。

(2) 学習成果の評価

学習成果の評価については、1991（平成3）年4月の中央教育審議会答申が学習評価を含めつつも、修了証、認定証、単位、資格、免状、称号等の認定を中心に取り上げたこともあって、一般的には認定等の社会的評価を意味していることが多い。そのような意味で捉えれば、「学習成果の評価」は学習評価の一部であり、他者による評価と言うことができる。

事前評価、形成的評価、総括的評価であるかどうかは、学習成果の評価を受ける学習者の考え方や学習計画によって異なるであろうが、何を評価するかという点ではアウトプット評価に位置付ける学習者が多いと考えられる。測定や修了証や資格等を付与する基準については学習成果の評価を行う側の方法によ

第 8 章　学習成果の活用支援　171

るであろう。

　このような学習成果の評価は学習した成果を社会で活用できるようにするためのサービスである。単に学習したと言われても学習して得た知識や技術が社会で通用するものなのかどうか分からない。学習によって獲得した知識・技術を社会で認めてもらうようにするものが学習成果の評価である。

　ちなみに、教育基本法第三条では「国民一人一人が、自己の人格を磨き、豊かな人生を送ることができるよう、その生涯にわたって、あらゆる機会に、あらゆる場所において学習することができ、その成果を適切に生かすことのできる社会の実現が図られなければならない」と生涯学習社会の実現が生涯学習の理念として示され、その生涯学習社会の条件に学習成果の活用支援が位置付けられている。

　なお、この「学習成果の評価」は、自由な生涯学習領域にあっては強制的に行われるものではなく、学習者の申請に応じて行われる生涯学習支援（サービス）と考える必要がある。さもないと、生涯学習の自発性や自由が損なわれるおそれがあるからである。学習成果の評価によって学習者がランク付けされたり、生涯学習の自発性や自由が損なわれたりしないように、山本恒夫は次のような「学習成果の評価の三原則」を提唱した。⁽⁴⁾

「学習成果の評価の三原則」
　ⅰ．評価からの自由の原則……学習成果の評価を求めるかどうかは学習者の自由である。強制的に行うものではなく、学習者の求めに応じて行うものである。
　ⅱ．評価独立の原則……学習成果の評価は学習機会の提供、学習成果の活用から切り離して行うものである。学習成果の評価を求めない人もいるので、講座の閉会式等で修了証を交付しないようにして、学習機会から独立させることが望まれる。また、学習成果の評価と学習成果の活用は直接結び付くも

のではない。

ⅲ．人物評価排除の原則……学習成果の評価は学習した成果についての評価であるので、人物評価等は含めない。

【参考】　　　　　　　　「採用のための評価」

　ボランティアを受け入れたり、企業等が採用したりする際には、受入・採用側は当然受け入れ・採用しようとする人についての人物や意欲や知識・技術を評価する。このような受入・採用のための評価は、受け入れ・採用側によって主体的に行われるものである。その際に、「学習成果の評価」の結果は資料として活用される。

　「学習成果の評価」と受入・採用のための評価とは区別されなければならない。「学習成果の評価」の効果をねらうあまり採用等の活用に直結させ、「学習成果の評価」に人物評価や意欲の評価などが含まれることのないように留意する必要がある。

　学習成果の活用を支援するための学習成果の評価サービスとしては、修了証、認定証、単位、資格、免状、称号等を認定することのほかに、「生涯学習パスポート（学習記録票）」の発行があげられるし、検定機関等を評価したりする動きもある。

　「生涯学習パスポート（学習記録票）」は学習歴を記載しかつ修了証等の証拠を蓄積していくもので、それそのものは評価ではない。学習成果を生かして社会で活動しようとするときに、学習成果を社会に評価してもらうために一部あるいはすべてを提示するのが「生涯学習パスポート（学習記録票）」である。言いかえれば、社会が学習成果を評価するときの資料や手掛かりを保存するものと言うことができる。

また学習者の学習成果を直接評価するのではなく、検定等の実施機関を評価することで、検定等の質を保証しようというものが検定機関等の第三者評価である。国ではこれまでに第三者評価のガイドラインなどを作成したり検定等の実施機関が自己評価できる評価項目を試行的に提示したりしてきたが、検定等の実施機関は民間であるだけに強制力を持たせることは容易ではない。

注

（1）　例えば、ＯＥＣＤは高等教育における学習成果の評価の実施を検討しているが、それは Assessment of Higher Education Learning Outcomes と言われており、「学習成果」の英訳は Learning Outcomes である。（中央教育審議会答申「学士課程教育の構築に向けて」2008（平成20）年12月、9頁、参考資料3等を参照。）

（2）　2008（平成20）年12月の中央教育審議会答申「学士課程教育の構築に向けて」では、大学改革の国際的な動向として「なにができるようになるか」に力点が置かれていることを指摘している。

（3）　政策評価や事業評価では、学習成果を活用した結果をアウトカム（outcome）として測定しようとしている。

（4）　山本恒夫『21世紀　生涯学習への招待』協同出版、平成13年、111～112頁等を参照のこと。

参考文献

- 浅井経子・伊藤康志・原義彦・山本恒夫編著『生涯学習支援の道具箱』一般財団法人社会通信教育協会、2019（平成31）年
- 浅井経子・合田隆史・原義彦・山本恒夫編著『地域をコーディネートする社会教育—新社会教育計画—』理想社、2015（平成27）年
- OECD 教育研究革新センター編著『学習の社会的成果　健康、市民、社会的関与と社会関係資本』明石書店、2008（平成20）年
- 井内慶次郎監修、山本恒夫・浅井経子・椎廣行編著『生涯学習「自己点検・評価」ハンドブック—行政機関・施設における評価技法の開発と展開—』文憲堂、2004（平成16）年

第9章　学習情報提供と学習相談

第1節　学習情報提供

1．生涯学習領域における「学習情報」

　「情報」とは、辞書によると「ある事柄についての知らせ」、「判断を下したり行動を起こしたりするために必要な種々の媒体を介しての知識」とある。今日の私たちの生活の中では、「情報」という言葉を耳にしない日はないと言っても過言ではない。また、インターネットをはじめとする情報通信技術（ＩＣＴ）の進展は、人々の生活や社会の構造を根底から変えつつある。生涯学習の領域でも、パソコン・タブレット・スマートフォンなどを活用した学習や交流が当たり前に行われるようになり、生涯学習社会に求められる「いつでも」、「どこでも」学習できる環境の実現に、情報通信技術（ＩＣＴ）の進展は大きな役割を果たしている。

　情報とは、最も一般的な日常語で言えば「知らせ」である。もう少し専門的に言えば、一般には「受け手にとって意味のある記号の系列」と定義される。情報を発信する「送り手」とそれを受ける「受け手」がいて、「受け手にとって意味がある」ということは受け手に役立つ、受け手が何らかの影響を受けるということなのである。重要なのはあくまでも受け手であり、いくら情報の送り手が情報を発信したといっても受け手がそれをキャッチしなければそこに情報が存在したとは言えない。また、「記号の系列」ということであるが、文字、言葉、絵、写真等を媒介にして情報は伝わっていくが、多くの場合いくつかの文字、言葉等が集まって一つの情報を表すので「系列」と言っている。こうしたことを踏まえ、生涯学習領域で言う学習情報を考えると、「学習者、学習希望者、生涯学習関係者等に役立つ生涯学習に関する記号の系列」ということになる。

それでは、学習情報にはどのようなものがあるのだろうか。主な学習情報として、次の3つがあげられる。

(1) 案内情報

案内情報とは、例えば図書館等の施設の所在地に関する情報や英会話等の各種講座に関する情報など、学習者・学習希望者と教育・学習資源とを結び付ける情報のことである。

(2) 内容情報（百科事典的情報）

内容情報とは、例えば「明治維新は何年か」という問いに対して「明治維新は1868年である」といった情報で、学習者が学習活動を通して獲得される知識や技術等の情報であり、まさに学習内容としての情報のことである。

(3) アドバイス情報

アドバイス情報とは、学習の仕方や学習評価の方法に関する助言など、学習活動を展開する中で悩みや問題が生じたときに提供される情報のことである。

2. 学習プロセスと学習情報の提供

前述の3つの学習情報を学習プロセスに位置付けると、**図9-1**のようになる。

学習計画を立てるときや学習成果を活用するときには案内情報が必要とされる。学習活動を展開しているときには、講師や教材を通して内容情報が提供される。アドバイス情報は主に学習相談において提供される情報であるが、学習プロセス全体にわたって、学習者の求めに応じて提供される情報ということになる。

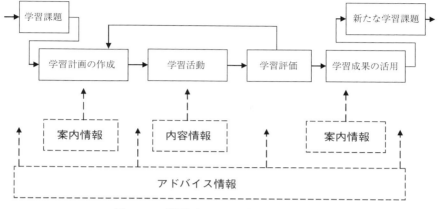

図9-1　学習プロセスと学習情報の提供

（出典：浅井経子・田井優子『学習支援情報・学習相談』角川学芸出版、2006（平成18）年）

3．学習情報提供の意義・内容

　一般に、生涯学習領域で「学習情報提供」といった場合には、「案内情報」の提供を指している。したがって、公民館はどこにあるか、図書館にどのように行ったらよいか、英会話の講座はどこで開かれているか、野球のコーチをしてくれる人はどこにいるか、などの情報の提供を言うのである。こうした学習情報提供は生涯学習支援の中で重要な位置を占めている。

　生涯学習活動は、可能な限り自己に適した手段・方法を自ら選びながら生涯を通じて行うものである。しかし、人々の中には、自分が居住する地域で学習したいと思う講座がどこで開催されているか分からない、学習するための施設や適切な指導者が見つからないなど、教育・学習資源についての情報が入手できないばかりに、学習活動への一歩を踏み出すことができない人も少なくない。まさに、地域の学習情報を収集し提供することは、生涯学習支援の根幹と言える。「学習情報提供」と言うよりも、「学習支援情報の提供」という言い方があ

るのはこのためである。

　一般的に、学習情報には、案内情報、内容情報、アドバイス情報の３つがあるが、学習情報提供といった場合には、前述したように「案内情報」を指す。その内容は、主に以下の５つに大別することができる。

　　①学級・講座等の学習機会に関する情報
　　②施設に関する情報
　　③生涯学習関係の団体に関する情報
　　④指導者に関する情報
　　⑤その他の生涯学習に関する情報

４．学習情報提供の方法

　学習情報を提供するための主な方法として、次のようなものをあげることができる。

　(1)　印刷物による方法

　ポスターやチラシ、広報誌（紙）やガイドブックなどの印刷物によって、学習機会等の案内情報を提供することは、従前から行われていた一般的な学習情報の提供方法である。近年の情報通信技術（ＩＣＴ）の進展に伴い紙媒体による情報提供は、インターネットによる情報提供にシフトしつつある。しかし、コンピュータ操作に苦手意識を持っている人など、印刷物による方法を好む人もおり、今後も継続が必要な方法である。

　(2)　インターネットを使った方法

　インターネットを活用し、ホームページ、ブログ、メールマガジン等によって情報を提供する方法である。多くの都道府県・市町村のホームページには、

学習者が必要な情報を容易に入手できるよう検索機能を備えた「学習情報提供システム」を整備している。情報通信技術の進展した今日、情報の発信方法は、これまでの情報紙等の紙媒体に替わり、インターネットによる情報発信が主流となっている。この利点としては、「大量の情報を扱うことが可能であること」、「情報の更新が容易であること」、「紙媒体に比してコストパフォーマンスが良いこと」、「動画なども扱うことができること」などがあげられる。

(3) 放送を使った方法

テレビやラジオの放送を通じて学習情報を提供する方法は、その広域性・速報性・具体性などの特徴から、大きな影響力を持つ方法である。都道府県の中には、地元の放送局と連携し、催し物・地域の特色ある取組などの学習情報を提供するテレビ番組を制作し放映しているところもある。

(4) 学習相談による方法

学習相談の機能の一つには、学習者と学習資源とを結び付けると言うことがある。学習相談では、学習者の学習上の悩みや問題解決のために案内情報の提供によって助言・援助がなされる。

5．学習情報提供の留意点

情報提供に際しては、次の点に留意することが必要である。

第1に、ハイブリットな情報提供である。学習情報の発信方法は、これまでの紙媒体からインターネットなどの新たな方法にシフトされつつある。財政状況の厳しい自治体の生涯学習推進行政においては、その傾向が顕著である。インターネットによる情報提供の魅力は、紙媒体の情報誌のような印刷製本費用や配付送料等が必要なく、コストパフォーマンスに極めて優れている点にある。行政が毎年度刊行していた事業報告書等についても、冊子としての製作はせず、

電子化しホームページに掲載するケースが多くなっている。この流れは、これからも一層加速するものと思われる。しかし、一方では、すべての人がインターネットを使える環境や技術レベルにあるとは限らない。特に、情報弱者といわれる高齢者等へは、特段の配慮が必要である。すべてをインターネットによる情報提供に特化するのではなく、紙媒体による方法と組み合わせる「ハイブリットな情報提供」が、ますます重要になってくるであろう。さらには、視覚・聴覚など様々な障がいを持つ方々には、どのような方法で学習情報を提供することが良いのか、検討していくことも大切なことである。

　第2に、個人情報の取扱である。学習情報提供では、講師・指導者・団体代表者・講座の主催者等の個人情報も多く扱うことになる。こうした情報の提供には、事前に提供できる情報内容を本人に確認するなど、十分に留意することが必要である。また、提供のみならず個人情報の管理には、万全の体制で臨むことが重要である。

　第3に、提供する情報の選択である。行政機関が提供する情報である以上、その内容については、真偽、政治、宗教、営利からの中立等の観点から取捨選択が必要である。例えば、民間の主催する事業で営利性を持った情報の取扱は、慎重に行う必要がある。また、政治や宗教に関するものの場合も、特定の団体を強制的に支持したり、非難するようなものは排除する必要がある。

　最後に、情報の鮮度の問題である。情報は、普遍的なものではないので、定期的に最新データへの更新が必要である。提供する情報内容が、古いものであれば、情報と言えども提供を受ける学習者にとって何ら意味を持たない情報になってしまう。情報の更新には、変更が生じるたびに随時更新する方法と一定期間を定めて定期的に情報の更新をする方法がある。いずれにしても最新の内容を維持しておくことは、学習情報提供の根幹である。情報の管理には、「鮮度」と、それを維持するための「頻度」が重要である。

６．これからの学習情報提供

　内閣府が2018（平成30）年７月に実施した「生涯学習に関する世論調査」[1]では、「これから学習するとすれば、どこから情報収集を行うか」と聞いている（図９-２）。「新聞、雑誌」（39.7％）が最も高く、次いで「テレビやラジオ」（32.0％）、「学校などのウェブサイトや講座情報の検索サイト」（28.1％）、「友人・知人や過去の受講者の評判・口コミ」（25.4％）などの順となっている。特に、「学校などのウェブサイトや講座情報の検索サイト」については、都市規模別では大都市で高く、年齢別では18〜29歳から50歳代で、それぞれ高くなっている。このインターネットを活用した学習情報の収集が、これからの主流となることは想像に難くない。これまで各自治体が構築してきた学習情報提供システムは、各自治体エリア内の学習情報の検索には便利である。しかし、様々な検索サイト（エンジン）の利便性が向上している今日、学習者にとっては自治体の生涯学習情報提供システムよりも情報収集ツールとしては、検索サイトの方が一般的になっているのではないだろうか。また、Facebook、Twitter、ＬＩＮＥなどのＳＮＳ（ソーシャル・ネットワーキング・サービス）による情報収集も無視できない状況にある。これらを介して提供される情報と行政の学習情報提供システムとの大きな違いは、情報の信頼性の点にある。

　インターネットで提供される情報には、程度の差こそあれ、何かしらの偏り・嘘、操作（故意的隠蔽や誇張）、間違った情報などが含まれている場合がある。学習者が情報発信者の目的、内容、背景等を的確に読み取り、情報を評価・識別する能力いわゆるメディアリテラシーを身に付けることが、これからますます必要になってくるであろう。

　また、学習情報提供と言えば、これまでは案内情報を中心に提供してきた。しかし、インターネットのサイトには、内容情報やアドバイス情報を提供する質問サイト（例えば「教えて！goo」、「OKWAVE」、「なんでも知恵袋」など）や受講者の声などを掲載しているものもあり、学習者個人が求める情報に対し

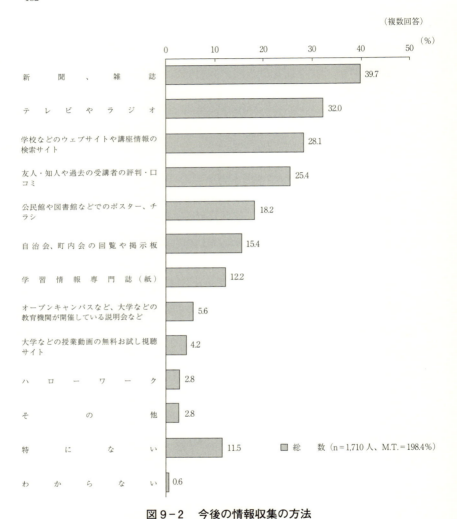

図 9-2　今後の情報収集の方法
「生涯学習に関する世論調査」内閣府　2018（平成30）年

てピンポイントで対応してくれる。従前の学習情報提供は、多くの学習者、学習希望者、生涯学習関係者等に案内情報を広く届けることに主眼が置かれていた。しかし、昨今の個に対応するというインターネットサイトの新たな動きは今後も注視する必要があるだろう。

第2節　学習相談

1．学習相談の定義と目的

　学習相談とは、学習者、学習希望者の学習上の悩みや問題の解決を図る助言・援助活動で、学習情報を提供したり、学習技法や学習グループ・サークル・団体等の運営方法などを紹介したりする。

　その目的は学習活動の開始や継続、さらには学習活動の質の向上を助けることで、何を学習してよいか分からない人に対しては潜在的な学習ニーズを探って学習活動が始められるように支援し、学習上の問題を抱えている人に対してはその問題解決を支援し、さらに学習者を励ましたりする。

2．学習相談の機能

　学習相談の機能として、次の3つをあげることができる。

　①　学習者と教育・学習資源とを結び付ける機能
　②　学習者の学習上の問題を解決する機能
　③　学習者の「学習の仕方」の学習を支援する機能

　まず、①学習者と教育・学習資源とを結び付ける機能について考えてみよう。この場合の「教育・学習資源」には、地域で開講されている講座やグループ・団体等の学習機会、本、ＤＶＤ等の学習教材、講師等の指導者、公民館、図書館、博物館、スポーツ施設等の教育・学習施設、地域を越えて提供される社会

通信教育や放送大学等がある。学習情報提供の方法の1つに学習相談による方法があるが、この機能とは学習相談における学習情報（案内情報）の提供の機能と言うことができる。

学習情報提供と学習相談との関係を示すと、**図9-3**のようになる。学習情報提供の方法には、ＳＮＳ、ホームページで、パンフレット、チラシ、ポスター、広報誌（紙）、有線放送等による方法および学習相談による方法がある。一方、学習相談での機能には、学習情報（案内情報）の提供、学習上の悩みや問題についての助言等がある。**図9-3**の中で、学習情報（案内情報）の提供と学習相談が重なっているところが、学習情報（案内情報）を学習相談で提供する部分で、この部分が学習者と教育・学習資源とを結び付ける機能である。

②についてであるが、学習者が学習相談を利用するのは、学習していて困ったことがあったときである。したがって、学習者の学習上の問題を解決するために学習相談がある。

次に、③について言えば、生涯学習は主体的、自発的に行うことを基本としているため、学習者はその基礎として「学習の仕方」を身に付けておく必要がある。

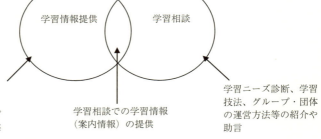

図9-3　学習情報提供と学習相談の関係

「学習の仕方」は、ここでは次の3つの要素から成っていると考える。

ⅰ　自分にあった学習計画の立て方に関する知識・技術
ⅱ　学習技法・問題解決技法等の知識・技術
ⅲ　自己の学習活動の状態を客観的に認識・評価する知識・技術

　これらの「学習の仕方」を身に付けることは決して易しいことではなく、それが十分ではないために学習者は学習の進める中で様々な問題を抱えることになる。そのように考えると、学習相談は、学習者と学習相談員とのコミュニケーションを通して学習者が「学習の仕方」を学ぶ機会にもなるということができる（図9-4）。

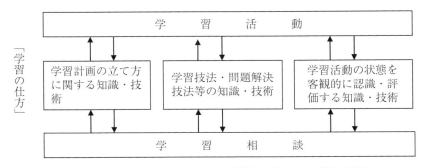

図9-4　生涯学習と学習相談と「学習の仕方」の学習の関係

3．学習相談の主な内容と方法

　学習相談で扱われる相談内容は様々である。
　学習者個人による相談もあれば学習グループからの相談もある。また学習情報の提供を求めて行政からの問い合わせもある。

学習者からの相談を見ても、自分の条件に合った学習機会についての情報を知りたいといったものから、講師と意見が合わない、学習仲間と意見が合わない、どうしたらよいか、分からないところをどのように調べたらよいか、学習成果を生かして人に教えたいがどうしたらよいかという相談、何か学習したいが何をしてよいか分からないといった相談まである。

学習グループからの相談としては、活動場所や講師についての情報がほしい、新しいメンバーの獲得方法、効果的なＰＲの方法、活動助成金獲得のための申請書の書き方等について教えてほしいといった相談があげられる。

そのような学習相談に応じる方法には、相談窓口での対面による相談、電話やｅメールやＦＡＸによる相談がある。条件や要素が複雑に絡み合った相談の場合やはり対面によるものが望まれるが、相談窓口が居住地になかったり、高齢のため移動が難しかったりする場合などはインターネット会議システムの活用が期待される。そのような学習相談も今後は増えていくと考えられる。

4．学習相談員に求められる資質・能力

これまで見てきたように、学習相談は学習活動の全プロセスに関わるもので、その内容は幅広い。このような学習相談に応じるためには、学習相談員にどのような資質・能力が求められるのだろうか。

学習相談員に求められる資質・能力は、大別すると 4 つの要素から成り立っているように思われる。

① 基礎的資質やコーディネート能力
② 情報収集・処理に関わる能力
③ コミュニケーションに関わる能力
④ 学習技法に関わる能力

第9章　学習情報提供と学習相談　187

これらの資質・能力の相互の関係を示したものが図9-5である。

まず、第1の基礎的資質についてであるが、学習相談では学習者の相談に応じるので、生涯学習の基本は何か、成人の学習、高齢者の学習とはどのようなものか、人々の学習ニーズはどのような傾向にあるか、その地域ではどのような生涯学習推進に取り組んでいるか、などの生涯学習に関する基礎的な知識を学習相談員は身に付けていることが望まれる。

例えば、学習相談員が生涯学習は学習者の自発的意思に基づいて行われるものであることを理解しているかどうかで、学習者に対する対応の仕方も違ってくるに違いない。それを十分に理解していれば、学習者の主体的な判断を尊重し、それを引き出す相談になるであろうし、それを理解していなければ、学習相談員の考え方を押しつけるような対応になってしまうかも知れないのである。

また、学習者のニーズと関係機関・施設等の条件とを調整しなくてはならない場合もあろう。学習者のニーズにできるだけ即したアドバイスを行うために

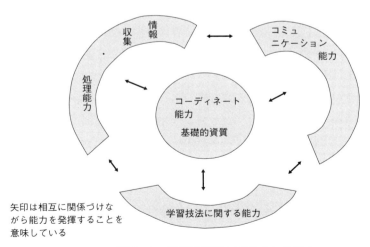

図9-5　学習相談員に求められる能力

はコーディネート能力も必要とされる。

　第2の情報収集・処理に関わる能力については、地域の学習情報提供システムの構造を理解し、必要な情報を検索できること、自ら地域の学習情報を収集しそれを整理、保存することができること、他の学習相談窓口の学習相談員とのネットワークや他の相談窓口、例えばボランティア相談や教育相談等とのネットワークを築くことができること、などがあげられる。さらに、今後インターネット会議システム等を活用した学習相談が行われるようになれば、それらを活用する技術を身に付けることも求められるようになるであろう。

　第3のコミュニケーションに関わる能力であるが、これは学習者の話を聞き、その内容や潜在的なニーズ等を把握できること、問題解決策を誘導することなく学習者自身がそれを探すことができるように助言したり情報を提供したりできること、などである。

　第4の学習技法に関わる能力は、「学習の仕方」についての知識・技術を駆使する能力である。情報の調べ方、メディアの使い方、討議法等の狭義の学習技法のみならず、すでに述べたように、学習活動の現状を客観的に把握し評価する能力、問題解決能力などを含めた「学習の仕方」全般に関わるものである。例えば、学習者の潜在的な学習ニーズを把握できる、学習計画の立て方や学習評価（自己評価）の方法を助言できる、仲間づくり、ＰＲの方法、学習プログラムや事業の立案方法等を含めたグループ・サークル・団体活動の運営方法を知っている、学習診断ができる、などがあげられる。

　実際には、これらの4つの資質・能力を相互に関連させて、学習相談員は学習相談を行うことになる。このため、**図9-5**では相互に矢印で結ばれている。

5．学習相談員が留意すべきこと

　学習相談員は、次のようなことに留意する必要がある。

第 9 章　学習情報提供と学習相談　189

① 学習相談員は教育者ではない。学習相談は相談者（学習者等）に対して教育することではなく、学習支援である。
② 学習相談員は相談者に自分の考え等を強要してはならない。
③ 内容情報を教えてほしいといった相談があった場合、内容情報は学習者自身が調べるものなので、調べ方をアドバイスするようにする。
④ 学習相談員には守秘義務がある。
⑤ 学習相談員は政治、宗教、営利からの中立を保持することが求められる。

6．eラーニングと学習相談

　今後は、インターネット等を活用したeラーニングが増えると予想される。eラーニングは個人学習形態をとる場合が多く、学習者は自らを"孤独な学習者"と意識するので、学習者を励ましたり、アドバイスしたりすることを通して一人ではないことに気付かせる支援が重要とされている。そこで、今後の課題として、eラーニング・システムにおける学習相談について考えてみることにしよう。

- 励ましたり悩みの相談に応じたりするメンター：学習者が学習からドロップアウトしないように、励ましたり悩みの相談に乗ったりする、一種の伴走者としての役割である。
- 学習相談員：学習者のレベル、ニーズにあったコンテンツを紹介したり、学習の仕方などをアドバイスしたりする。従来からの学習相談の役割を果たす。
- コンテンツと職業との関係をアドバイスする相談員：eラーニングの内容には職業・資格取得に関わるものが多いので、職種にあったコンテンツの紹介や資格取得の仕方についての情報提供が求められる。それらをＦＡＱ（よくある質問、Frequently Asked Question）で対応することも考えられ

るが、今後は、学習成果の活用支援の一環として、就職・転職相談等に関わるキャリア・アドバイスも求められるようになるに違いない。

　ここでは３つの役割をあげたが、これらの役割を担うｅラーニング・システムにおける学習相談の場合、扱う内容が専門的なレベルであることも多く、使っているシステムに熟知していることも求められるため、行政が提供する一般の学習相談で扱うのではなく、そのｅラーニング・システムを提供している事業主体がサービスの一環として相談機能を整備することになる。

注

（１）「生涯学習に関する世論調査」　内閣府政府広報室　2018（平成30）年８月
　　　https://survey.gov-online.go.jp/h30/h30-gakushu/index.html

参考文献

- 日本生涯教育学会『生涯学習研究ｅ事典』http://ejiten.javea.or.jp/
- 浅井経子・伊藤康志・原義彦編著『生涯学習支援の道具箱』一般財団法人 社会通信教育協会、2019（平成31）年
- 浅井経子・合田隆史・原義彦・山本恒夫編著『地域をコーディネートする社会教育—新社会教育計画—』理想社、2015（平成27）年
- 一般財団法人 社会通信教育協会『生涯学習コーディネーター 新支援技法 研修』（通信教育テキスト）、2014（平成26）年
- 浅井経子編著　「生涯学習概論 - 生涯学習社会への道 -」理想社　2010（平成22）年
- 一般財団法人 社会通信教育協会『生涯学習コーディネーター 研修』（通信教育テキスト）、2009（平成21）年
- 国立教育政策研究所社会教育実践研究センター『社会教育計画ハンドブック』2009（平成21）年
- 佐久間章　「地域学習支援情報の収集・提供」角川学芸出版　2009（平成21）年
- 清水寛之編著『メタ認知　記憶のモニタリングとコントロール』北大路書房、2009（平成21）年

第 9 章　学習情報提供と学習相談　191

- 三宮真智子編著『メタ認知　学習力を支える高次認知機能』北大路書房、2008（平成20）年
- 浅井経子・田井優子『学習支援情報・学習相談』角川学芸出版、2006（平成18）年
- 浅井経子「学習相談」、『生涯学習研究 e 事典』日本生涯教育学会 http://ejiten.javea.or.jp/　2005（平成17）年 9 月 14 日公開
- 山本恒夫編著『生涯学習概論』東京書籍、1998（平成10）年
- 国立教育政策研究所社会教育実践研究センター『社会教育主事のための社会教育計画（理論編）平成16年度』2005（平成17）年、同『平成18年度』2007（平成19）年
- 井内慶次郎監修、山本恒夫・浅井経子『生涯学習［答申］ハンドブック』文憲堂、2004（平成16）年

第10章　生涯学習支援ネットワークと地域課題

第1節　生涯学習支援ネットワーク

　生涯学習支援ネットワークは、生涯学習支援という性質によって関係付けられた個人や組織、あるいは機能などの総体である。そのように関係付けられることにより、ネットワーク全体として、個々の持つ特性や能力の総和ではない、新たな機能やより大きな能力が生まれることが期待され、各地で生涯学習支援ネットワークを構築し、機能させることが求められている。具体的には、各種の能力を持った人々によってネットワークが構成されることによって、全体としては生涯学習支援ボランティア組織として講座を主催できたり、学校や社会教育施設がネットワークを構築することにより学校だけや個別の社会教育施設だけでは行えないような授業や事業ができることなどがある。

　生涯学習支援ネットワークは、そのような個人や組織を構成要素とする場合だけではなく、生涯学習支援の機能を構成要素として捉え、それらの関係に着目した生涯学習支援ネットワークの在り方を考える場合がある。具体的には、情報提供機能、学習相談機能、学習機会等提供機能、学習成果の評価機能等で、それらをどのように関連付けるかである。ただし、一般に生涯学習支援ネットワークといった場合には、人や組織を構成要素とする生涯学習支援ネットワークをさす場合が多いようである。

1．生涯学習支援ネットワーク形成・発展過程

　現在各地で活動している生涯学習支援ネットワークは、同じきっかけによって形成されたり、同じような過程を経て発展しているわけではない。いくつかの例で、その一端を見ておくことにする。なお、これらの例は生涯学習支援を

意図して形成され、発展していった生涯学習支援ネットワークだけであり、歴史的に見れば、さらに多くの例を見いだすことができるだろう。

(1) 行政がきっかけをつくる

市町村や都道府県の生涯学習課や社会教育課などの事業をきっかけとして形成される生涯学習支援ネットワークがある。例えば、次のような場合である。

事例1：A市ではボランティア養成講座を企画し、その修了生を中心としてボランティア組織をつくってもらい、市の行事等にも協力してもらっている。これは、A市の事業を通して、ボランティアをしたいという同じ目的を持つ人々の間に新たな関係をつくり、個人的なネットワークを形成している。（**図10－1**）

このようなケースは各地で見られ、市町村の人材情報データバンクへの登録によって機能することもあるが、それだけでは十分活用されるとは言えず、ボランティア組織として独自に活動を展開しているところもある。

事例2：B市社会教育課では、今後の高齢社会（当時は、高齢化社会）に対応するために、社会教育課としてどのような対応をとるべきかを検討していた。B市では、まず、そのような問題を検討する会議を立ち上げ、B市の今後の方向を探ってもらうことにした。その会議の委員には、B市で活動している団体の代表やB市にある企業の関係者等が選ばれていた。

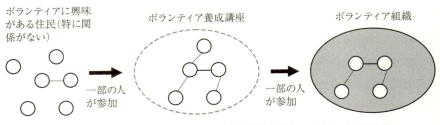

図10－1　講座をきっかけとした生涯学習支援ネットワークの形成

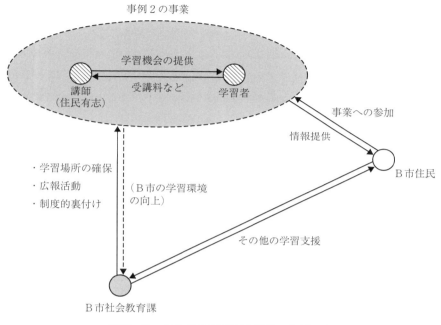

図10−2　B市の生涯学習支援ネットワーク

　その会議では、高齢者は必ずしも社会的弱者ではなく、支援を受けるだけの存在ではない、との認識から、行政に頼るだけではなく、自分たちでも教え学びあう仕組をつくることが可能であるとの結論が出された。B市では、それを受けて、委員の数名を中心とした教えたい人と教わりたい人をつなぐ生涯学習支援の仕組がつくり上げられた。社会教育課はその事業の広報や公民館等の学習場所の確保、事務の手伝いなどの支援を行ったが、事業の運営に関しては住民の有志が担っている。

　主にこの事業だけに着目すると、B市の新たな生涯学習支援ネットワークは**図10−2**の通りである。この事業によって、講師としての住民と学習者としての住民の間に新たな関係が生まれており、B市の中に新たな生涯学習支援ネット

ワークが形成されたことになるであろう。

(2)　限定的なネットワークがより開かれた生涯学習支援ネットワークとなる

　例えば、ＰＴＡ活動によって知り合った人達を中心に、特定の目的を持った、あるいは地域により開かれた発展的な生涯学習支援ネットワークへと変化する場合がある。

　事例３：ある時、Ｃ小学校で、日本人と外国人の子ども達の間で異文化間コミュニケーションの問題が起きた。教員と保護者で相談し、保護者のうちで海外生活の経験を持つ人達を中心として外国人の子ども達への日本語指導等を行った結果、問題の発生は徐々に減っていった。その後、ボランティアをしていた保護者が自分の子どもの卒業にあわせて日本語指導のボランティア組織を立ち上げた。Ｃ小学校の保護者の中からも新しいメンバーを募りながら、小学生の子どもを持たない人もメンバーとなっている。さらに、近隣の中学校へも支援の範囲を広げており、その後に誕生した他校のボランティア組織とも連携を取っている。

　母体となったＣ小学校での保護者のネットワークも限定的とはいえ生涯学習支援ネットワークであるが、Ｃ小学校と近隣の中学校との関係ができており、新たな生涯学習支援ネットワークが形成されたと言えるだろう。

　このような事例の他に、同窓会などといった別の目的のネットワークから生涯学習支援ネットワークへ発展する場合もある。

(3)　より豊かな生涯学習支援を実現するために公的な機関を関係付ける

　この事例としては、図書館ネットワークが分かりやすいであろう。Ｄ県では県内の複数の公立図書館と国公立の大学図書館がオンラインで結ばれており、希望する複数の図書館に読みたい本があるかを１回で検索できる横断検索が行えるようになっている。また、貸出可能な本は近くの図書館に取り寄せてもら

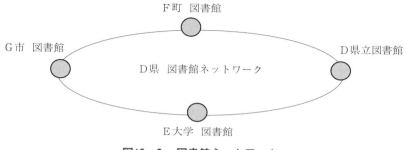

図10−3　図書館ネットワーク

うことができる。（**図10−3**）

　これは図書館という同種の施設間での生涯学習支援ネットワークであるが、例えば、図書館と公民館、博物館といった異種の施設、さらには教育委員会等の行政組織やＮＰＯやボランティア団体など民間組織をも関係付けた生涯学習支援ネットワークも形成されている。

2．ネットワーク診断

　生涯学習支援ネットワークは、人や組織間関係の質的、量的な違いによって、その行動や効果等に違いが生じると考えられている。いわゆる創発特性である。そのために、どのような関係でもあればよいというわけではなく、またつねに変化する可能性がある。したがって、必要に応じて、個人や組織間にどのような関係があるのかを分析し、ネットワークが機能しているのか、あるいはどのように改善すべきかをつねに診断する必要がある。

　ネットワーク診断のためには、まず対象となる現象から生涯学習支援ネットワークモデルを構築し、その構造から静的な特性を診断したり、シミュレーションによってモノや情報の流れが滞らないかなど動的な特性を診断する。ネットワークモデルを構築するためには、ネットワークデータを得る必要があるが、個人や組織間の関係の捉え方は一意には決められず、診断目的によって診断者

が決める。例えば、関係を捉えるためには、ある一定の行為、活動等があったかどうかという調査項目を立て、それに従ってデータを収集する。その範囲内でのネットワークモデル構築であり、診断となる。

ネットワークモデルが得られれば、例えば、それを用いてネットワークの中心性や互恵性などの観点で診断することができる。ネットワークの中心性によっては、ネットワーク内のどの人、組織が中心であるのかが診断される。具体的には、それぞれの人や組織の、他との直接的な関係の量やネットワーク内の他の人や組織との社会的な距離の総和などによって特定される。あるいは、それぞれが他の人や組織同士の関係をどの程度媒介しているかを調べることによって、情報の伝達経路の中心（ハブ）を明らかにすることができる。その結果、なくなってしまうことによってネットワーク内の情報等の流れが滞ってしまう可能性のある人や組織をみつけることができる。

一方で、生涯学習支援ネットワークに個人や組織が参加する場合、参加することによって負担が大きいと離脱してしまうと言われている。そのため、モノや情報の流れる方向に着目したネットワークモデルによって、ネットワークの互恵性が保たれているかを診断し、それぞれがネットワークに参加する意味を見いだせるようにしなければならない。

ここで紹介した方法はネットワーク分析によるが、この他にもその生涯学習支援ネットワークが地域のニーズや課題に応えられるようになっているのか、といった観点からの診断も提案されている。さらに、生涯学習支援ネットワークを構築し、運営していく上でどのような診断を行っていけばよいのかは今後の課題である。

第2節　地域課題に取り組む社会教育行政・関係施設と地域、NPO等との連携

新しい公共の考え方が地域社会に浸透していく中で、地域課題の解決に行政だけでなく地域やＮＰＯ、企業などが連携・協力して取り組む動きがある。こ

第10章　生涯学習支援ネットワークと地域課題　199

のような中で、社会教育行政や社会教育関係施設も、地域課題に関わる事業を
単独で行うだけでなく、地域の様々な機関・組織や行政の諸部局などと連携・
協力することにより、地域課題の解決に一層貢献することが期待されている。

1．社会教育行政・関係施設における地域課題への取組の現状

（1）　学習機会の提供

　社会教育行政・関係施設は、個人のニーズが高い趣味や教養の向上などの学
習機会のみならず、住民の地域社会への貢献や地域づくりへの意識の涵養、地
域の課題への対応など、民間教育事業者等によっては提供されにくい分野の学
習機会の提供を期待されてきた。1992（平成４）年の生涯学習審議会答申「今
後の社会の動向に対応した生涯学習の振興方策」では、国際社会、国家、地域
社会など様々なレベルに共通して、今日、教育・学習によって解決が期待され
ている課題を現代的課題と呼び、このような課題に対応した学習機会の充実を
求めた。

　文部科学省主管の社会教育調査によれば、社会教育行政・関係施設が開催し
た環境問題や社会福祉などの社会的課題（調査では市民意識・社会連帯意識と
して分類されている学習内容）に関わる学級・講座は、2014（平成26）年度間
で39,009件であった。これは、学級・講座全体の6.2％にあたる。2005（平成
17）年度以降の10年間に実施された４回の同調査の結果を見ると、社会的課題
に関わる学級・講座は2008年度間に54,000件を超すが、その後の２回の調査で
は件数、比率ともに減少し、2014（平成26）年度間には、2005（平成17）年度
間とほぼ同じ水準に戻っている。件数の減少はほぼすべての内容項目で生じて
いるが、「地域防災対策・安全」については、2008（平成20）年度間の約1.4倍
と大幅増となっている。一方、首長部局が開催する社会的課題に関わる学級・
講座は、年々増加傾向にある。2014（平成26）年度間の開催件数は36,675件で、
社会教育行政・関係施設とほぼ同数であり、学級・講座全体に占める比率も2

割を超えている。内容別に見ると、首長部局でも「地域防災対策・安全」が増加しており、2014（平成26）年度間では、社会的課題に関わる学級・講座全体の36.7％を占めている。

(2)　地域における学習資源の状況

　首長部局が開催する社会的課題に関わる学習機会が増加し、また、町内会をはじめとする地縁を基盤とした各種団体のみならず、ＮＰＯやボランティア団体など、特定の目的のもとに活動を行う地域づくりの担い手が登場してきた。また、大学は、2006（平成18）年の教育基本法の改正で、研究成果や人材を社会に役立てる社会貢献が大学の使命とされたこともあり、従来からの公開講座や各種の行政委員会への教員の派遣だけでなく、地域の課題への対応にも組織的に関わる状況が生じている。さらに、企業にあってもＣＳＲ（企業の社会的責任、Corporate Social Responsibility）の一環として地域社会への貢献活動に取り組むところが増え、民間教育事業者の活動も充実してきている。

　一方、地域には、学習成果や経験を地域社会で生かしたいと考えている人々も多い。2018（平成30）年に内閣府が実施した「生涯学習に関する世論調査」によれば、約8割が地域や社会での活動に「参加してみたい」と回答しており、活動内容としては「地域の子供のためのレクリエーション活動や自然体験活動」、「防犯・防災活動」、「子育て・育児を支援する活動」など、地域課題への対応や地域づくりに関するものが多い。また、2012（平成24）年の同調査によれば、「地域や社会における教育」の支援や指導への参加希望が5割を超えている。

　このように、地域には、地域の課題への対応や地域づくりに関わる意欲と能力を備えた機関や組織そして個人が存在しており、地域課題を地域の手によって解決する条件が整いつつある。

２．行政・施設と地域、NPO、企業との連携

（1）学習機会における連携

　地域の諸課題に関わる学びと実践の機会を充実させるには、拠点となる施設が必要であり、地域の学習・交流拠点である公民館に対する期待は大きい。一方、地域の諸課題への対応には専門性が必要となることから、学習機会等を公民館が自前で設けることは難しく、行政の各部局や地域の団体、ＮＰＯ、企業などの連携・協力が不可欠である。1998（平成10）年の生涯学習審議会答申「社会の変化に対応した今後の社会教育行政の在り方について」では、ネットワーク型行政を構築するために、学習資源を収集・活用することが提言され、さらに、2008（平成20）年の同答申「新しい時代を切り拓く生涯学習の振興方策について」においても、地域の実態等に応じて、行政が民間団体等との積極的な連携を進めることが提言された。

（2）民間教育事業者との連携・協力の状況

　前掲の社会教育調査によれば、2014（平成26）年度間に、社会教育関係施設が諸集会及び学級・講座の企画・実施にあたり、民間社会教育事業者にその全部又は一部を業務委託した件数は41,337件で、事業全体に占める比率は2.9％である。また、関係機関と諸集会及び学級・講座を共催したことがある社会教育関係施設の割合は29.1％であり、共催相手としては、教育委員会（7.5％）、同種の社会教育施設（5.5％）、首長部局（5.0％）の順である。このように、社会教育行政・関係施設では、学習機会の提供に関する連携・協力が必ずしも活発に行われているとは言えず、しかもそれは行政内部や社会教育関係施設との間で行われる場合が多い。

３．地域課題に対する社会教育行政・関係施設の役割

　多種多様な組織や機関、個人が地域課題に関わる取組を行ったり、行う意欲

を持ちはじめている。これらの組織や機関、個人がそれぞれ単独でできること
もあるが、地域が抱える課題が複雑多岐にわたるという今日的な状況は、課題
の解決に地域の資源を上手に配分したり、多様な視点からの議論を進めること
を必要としている。そのため、各施設・機関、個人が参加するネットワークを
地域に立ち上げるなど、連携・協力を一層強化して地域の課題に対応すること
が求められる。

　このような状況の中で、社会教育行政・関係施設は、地域の課題に対応した
学習機会の提供のみならず、地域の課題に積極的に取り組むリーダー層の育成、
参画型学習プログラムの開発、学習者の組織化、学習成果の活用、情報の提供、
地域の絆づくりなど、学びや交流の視点からの多様な役割が期待される。また、
そのような役割を、社会教育行政・関連施設が地域の住民や団体、ＮＰＯ、企
業を巻き込み、実施主体として担う場合もあれば、他の主体が中心となって行
われる事業に参加参画する形で担う場合もある。いずれにしても、このような
役割を積極的に担うことで、地域全体の課題解決の能力が向上する。

４．コーディネートできる人材の育成

　地域課題への対応に参加した個人や組織の間で一定の合意を形成するには、
ていねいな調整作業が必要であるが、対等な立場での参加が原則のネットワー
ク型組織にあって、特定の組織や個人が権限を持って調整をはかることは困難
である。コーディネート役割を付託された人に必要なのは、権限ではなく豊富
な情報であり合意形成の技法である。さらには、権威も調整にとって有効に働
く場合がある。

（1）　豊富な情報・確かな証拠

　地域課題に関わる機関や団体、個人が熟議し解決策を探るときに、メンバー
の利害に捉われることなく合意を形成するためには、確かな証拠に基づく議論

が重要になる。これまで、地域課題の設定や地域の資源に関する情報の収集は行政が行い、そのようなお膳立てのもとに議論が進められることが多かった。また、情報が地域にない場合には、全国調査などの結果が活用されることも少なくなかった。しかしながら、地域の具体的な課題を把握するには豊富な情報が必要であり、地域の課題や資源を把握するための情報を収集することが、地域課題への対応の第一歩である。そして、コーディネーターには収集された情報を駆使して調整をはかることが求められる。そのような能力を備えた地域のリーダーを、大学等と連携しながら育成することも社会教育行政・関係施設等の役割である。そして、このようなリーダーの下に、確かな証拠に基づく議論と実践を積み重ねることによって、課題解決に強い地域が形成される。

(2) 合意形成の技法

　熟議から実践へと移行する段階で、多くの組織や団体、個人が積極的に協力する状況を作り出すには、課題の設定や解決案の策定において、それに参加する関係組織・団体、個人等が合意案に納得する必要がある。そのような合意の形成には、参加する組織や団体、個人が確かな証拠をもとに平等に発言できる環境の整備と合意形成の技法（例えば、課題の発見やアイディアの発散・収束の技法、関係を変える技術など）の導入が重要であり、コーディネーターはそのような技法をもとに調整を図る必要がある。また、具体的な事業を通して、そのような技法を組織全体で共有することも重要である。

5. 地域課題のステークホルダー (stake holder)[1] としての子ども・若者との連携

(1) 子どもの参加・参画

　地域課題の解決に住民の主体的な参加・参画の必要性が指摘される中で、「住民」として忘れられがちなのが子どもである。子どもに関わる今日の取組において流れる子ども観は「将来の社会を担う存在」、「保護され育まれる存在」と

しての子どもである。しかしながら、子どもは「地域の一員として大人ととも
に地域社会をつくる存在」でもあり、地域課題の解決や地域づくりに参加・参
画する権利と義務を有している。そのため地域課題への対応にあたっては、ネ
ットワークのメンバーに子どもを加え、子どもと大人が地域の課題についてと
もに学びあい実践する機会と参加を促す仕組づくりが必要である。

　2013（平成25）年に、日本を含む7カ国の13〜29歳の若者を対象に内閣府が
実施した「我が国と諸外国の若者の意識に関する調査」によると、「私の参加に
より、変えてほしい社会現象を少し変えられるかもしれない」と回答した割合
が、日本は7カ国中最低の30.2％であった。このことは、子どもの頃から社会
の一員として地域に関わる経験の乏しさが一因となっていると考えられる。地
域を「変えられるかもしれない」という意識を持たないものからは、地域の課
題に積極的にコミットしようとする意欲が生まれないであろう。

(2)　地域に育てられた若者が地域で活動する循環の仕組
　学校支援地域本部等の事業が開始されて10年以上が経過した。この間に、地
域の大人の支援を受けて成長してきた若者が数多くいるが、若者が自ら育った
地域で活動する姿を見ることはあまりない。地域では高齢化が進み、地域行事
を支え地域課題の解決に取り組むスタッフが不足している。若者が多くいる大
学に支援を頼みたいが、近くに大学がないためにできないという声も聞かれる。
しかし、大学がない地域であっても大学生は居住している。では、若者がボラ
ンティア活動等に関心がないかというとそうではない。大学は地域貢献のため
のセンターを設置し、これに呼応してボランティア活動する学生は少なくない。
地域の支援を受けて学び育った若者が、今度はその地域で何らかの貢献活動を
行うという循環をつくりだすことも地域課題への対応には重要である。

　地域課題への対応にあたって、社会教育行政・関係施設が中心となり、地域

の住民や機関・団体、ＮＰＯ、企業などを積極的に巻き込みネットワークを形成し推進する場合がある。実際に、このような役割を、社会教育行政・関係施設が担わなければ動かないという地域が数多くある。また一方、このような行動には、社会教育関連施設を活性化させるという一面がある。しかしながら、いつまでも社会教育行政・関係施設が中心になって取組を進めるのではなく、そのような取組を通して、ネットワークやそれに参加する組織等のエンパワーメントを図り、地域主体の取組に転換させる必要である。但し、社会教育行政・関係施設は取組から一切手を引けばよいというわけではない。そのような場合であっても、地域にある社会教育施設も地域の一員であり、必要に応じて一定の役割を果たすことが求められる。そのためには、日頃から地域課題の解決に資する機能と意欲を持った存在として地域から認知され信頼される必要がある。地域を巻き込む存在から地域に巻き込まれる存在へと転換を図ることを、社会教育行政・関係施設は絶えず意識しておくことが必要である。

第3節　子育て支援のためのネットワーク

１．子育て支援と生涯学習支援

　子育てとは、文字通り子どもを育てることであるが、一般には基本的に保護者がその保護する子どもを育てるものと考えられている。教育基本法第十条においても「父母その他の保護者は、子の教育について第一義的責任を有するものであって、生活のために必要な習慣を身に付けさせるとともに、自立心を育成し、心身の調和のとれた発達を図るよう努めるものとする。」と規定されている。

　子育て支援とは、そのような保護者の子育てを支援することを言う。この支援には経済的な面、医療的な面等様々な角度からのものが存在するが、ここで取り上げるのは、教育的・福祉的な面からの支援が主なものとなる。2012（平成24）年に「子ども・子育て支援法」、「認定こども園法の一部改正」、「子ども・

子育て支援法及び認定こども園法の一部改正法の施行に伴う関係法律の整備等に関する法律」のいわゆる子ども・子育て関連三法が制定され、それらに基づいて2015（平成27）年度より幼児教育・保育・地域の子ども・子育て支援を総合的に推進する「子ども・子育て支援新制度」がスタートしている。この新制度の推進については内閣府に設置された子ども・子育て本部が担当しているが、教育関係は文部科学省と、福祉関係は厚生労働省との調整を図りながら、その推進を図っている。

　そのような中で、文部科学省では、教育基本法第十条第2項「国及び地方公共団体は、家庭教育の自主性を尊重しつつ、保護者に対する学習の機会及び情報の提供その他の家庭教育を支援するために必要な施策を講ずるよう努めなければならない。」に基づき、家庭教育支援として、「家庭教育支援推進事業」、「地域における家庭教育支援基盤構築事業～家庭教育支援チーム強化促進プラン～」、「教育と福祉の連携による家庭教育支援事業（訪問型家庭教育支援等）」を実施し、子育てを支援している。また、厚生労働省では、児童福祉法に基づいて、「地域子育て支援拠点事業」、「利用者支援事業」等の子育て支援施策を展開している。これらの事業の主な内容は、子育ての不安や悩み等に対する相談及び援助、子育てに関する情報の提供、子育て中の親子の情報交換の場の設定、子育てサークルの支援、子育て及び子育て支援に関する講習等の実施等であり、子育て中の保護者や子育てを応援しようとする人に対しての子育てに関する学習支援という教育的な側面を強く有していると考えられる。このような子育て支援は、生涯の中で子育て中の時期を中心にいろいろな時期に子育てについて学習することを支援していると捉えられ、生涯学習支援と位置付けることが可能である。

2. 子育て支援の実際
　実際に、地域の子育て支援としてどのようなことが行われているのかを見る

と、それらは、子育てに関する情報の提供、子育て中の親子が集まって情報交換ができる居場所の提供や、子育てサークル・グループ、新たなネットワークづくり等の支援、子育ての不安や悩みへの相談対応、子育てに関する学習機会の提供等に分類できる。

　子育てに関する情報の提供については、情報社会が進展し、個人個人がスマホやタブレットなど携帯型の情報端末から、様々な情報が容易に入手できるような傾向にある中で、子育てに必要な身近な地域の情報が提供できる体制づくりが重視されている。先にあげた、厚生労働省の地域子育て支援拠点事業では、地域の子育て拠点となりうる公共施設や保育所、児童館等の地域の身近な場所で、積極的に情報提供が行われることを推進している。なお、この地域子育て支援拠点では、まずもって子育て中の親子が気軽に集い、相互交流や子育ての不安・悩みを相談できる場が提供されることが重要とされている。

　子育て支援として最も多く取り組まれ、また、新たな試みが多くなされているのは、子育て中の親子の居場所づくりや、子育てサークル・グループの育成、新たなネットワークづくりの支援である。これらの場合、支援される当事者である保護者が主体的に関わる場合が増えてきている。居場所は、公会堂や公民館等の公共施設だけでなく、以前幼稚園だった建物や商店街の空き店舗を活用する事例も見られる上に、地域ＳＮＳ（ソーシャル・ネットワーキング・サービス）を活用してネット上に「コミュニティ」を設けて、情報共有をしたり交流を図ったりしている事例もあげられる。また、これまではお互いに接点を持ちづらく、つながりにくい傾向にあった10代で母親になった人たちやお父さんたちなども仲間を募ってサークルをつくり、活発に活動するようになってきている。前者は「ママサークル」と呼ばれ、各地のママサークルが全国のネットワークを組織するまでになっている。後者は「おやじの会」と呼ばれる場合が多く、積極的に家庭の子育てに関わったり、子ども達を集めて楽しい活動を展開したりしている。従来から存在する社会教育関係団体のＰＴＡや、子ども会・

育成会等の自治会内の組織における活動もこの分類に属するものと捉えることができる。

近年の子育ては、「密室育児」という言葉も生まれるように、子育て中の親が社会から疎外感を感じ、母親一人で抱え込んでしまうような場合も見られる。そのような親が、子育てに奮闘し悩んでいるのは自分だけではなく、同じような人がいるということを知り、社会との接点を見いだすために、居場所づくりや、仲間づくり・サークルづくり・ネットワークづくりは大変重要である。活動の中では、知らず知らずのうちに子育てに関する悩みをお互いに打ち明け合って解決している場合や、子育てに関する情報を交換している場合が多々見られる。

子育ての不安や悩みに対する相談については、相談内容に応じて、地域子育て支援センターや、保育所や幼稚園等の専門あるいは担当の職員が個別に対応する形がとられている。漠然とした不安や悩みであれば、前述の居場所やサークルに参加して保護者同士の交流が深まる中で解決される場合もあるため、相談対応と、居場所・サークル・ネットワークづくりはセットで行われるのが望ましいであろう。

子育てに関する学習機会の提供については、以前から、妊娠中の妻を持つ夫婦への講座（明日の親のための学級等の名称があり、現在ではプレパパママ講座と呼ばれる）、家庭教育学級、思春期の子を持つ親のための講座等、保護者向けの講座が多く開かれている。このような講座に加え、子育て支援員、家庭教育支援員等子育て支援者育成のための養成講座も増えてきている。また、すでに幼稚園教諭や保育士など子育てに関わる資格を有している人や祖父母向けに、現在の子育て事情を再学習してもらう講座等も提供されている。将来親となる小中高生に子育ての体験を提供し、乳幼児との接し方などを学習してもらう保育体験・保育実習も、最近では学校単位で頻繁に行われている。

節のタイトルにあるネットワークに注目して見れば、これらの活動を支える

第10章　生涯学習支援ネットワークと地域課題　209

行政の体制が、関係機関同士、連携協力し合って事業を進める方向にある。特に内閣府に子ども子育て本部が設置され、子ども子育て支援制度に則って事業が展開されるようになってからは、子育て支援に関わる機関や人が連携協力すること、言いかえればネットワーク化されることが重視されている。例えば、文部科学省の地域における家庭教育支援基盤構築事業では、家庭教育支援チームを組織して、子育てを支援しようとしているが、そのチームの構成員は、子育てサポーターリーダー、元教員、民生・児童委員、保健師等、いろいろな立場の方となっている。様々な立場の人がつながって（ネットワークが組まれ）、子育てを支援しようとしているのである。支援される保護者同士のみがつながるのではなく、支援する側もつながって連携協力のもとに支援が進められることは、支援の充実を導くことになるであろう。

3．今後の子育て支援の考え方と課題

　子育ては保護者を中心に行われるものではあるが、子育てを保護者のみに押しつけるということではない。昭和時代の中頃までの日本では、普通に生活している中で、大勢の子どもが集い遊び、自然と小さい子どもの世話の仕方を学んだり、隣近所の人や祖父母に手伝ってもらいながら親が子育てをし、その中で子育ての知恵が伝承されたりしていた。すなわち、地域の中に、子育てを学んだり支えたりする仕組がおのずと存在していたのである。それが、社会の都市化、核家族化、少子化の進行に伴って変貌を遂げてしまった。地域社会の様態も変わり、子育ての経験がないまま親になってしまう場合が増加する上に、子育ての相談にのったり助けてくれたりする人がそばにいない保護者も増えている。そのような状況の中で、子育てが保護者のみに押しつけられたような状況に陥ってしまっている。現代においても、子育て中の親が、孤立することなく、日常生活に身近な場である地域の人々によって見守られ、支えられて、自信を持って子育てできることは重要である。子育てを取り巻く社会環境の変化

を誰もが認識した上で、子育て中の保護者を地域全体で支えるという考え方による積極的な地域の子育て支援が望まれる。

現実には、子育てを取り巻く社会環境の悪化は、児童虐待の増加という形で表されるとも捉えられる。近年は耳を疑うような悲惨な事件が後を絶たないが、そのように表面化する虐待は氷山の一角とも言われており、その虐待防止の糸口としても、子育て支援は非常に重要である。虐待の背景の一つに、子育てについての不安や悩みが解消できないことがあると言われているが、保護者が子育て支援によりその不安や悩みを相談でき、さらに子どもの発達上の特徴や子どもとの関わり方等を学ぶことでそれらが解消されれば、ひどい虐待に至らずにすむかもしれない。保護者の教育的支援・学習支援が子どもの健やかな成長を促すのである。

課題は、このような子育て支援が、それを本当に必要としている人々に届いているかである。子育てに関心を持ち、講座に参加したり、子育てサークルに参加したりする保護者だけでなく、そのような機会を活用しない保護者、また活用したくても活用できない保護者に対して、どのように支援を提供していくかが重要である。そのためには、まず、地域や社会で子どもの健やかな成長を願って子育てを見守る意識を高めることが重要である。また、近年見られるようになってきた子育て支援に関わる機関同士の連携・協力やネットワークがより緊密になり、支援に関する情報の共有や必要な支援がすぐに提供できる体制づくりが早急に必要である。その際、地域に混在する新旧の組織等を、それぞれの地域の実情に応じて有効に活用できるよう検討することも重要であろう。

第4節　学社連携・融合・学校支援から地域学校協働へ

1．学社連携と学社融合

生涯学習を支える、学校教育・社会教育・家庭教育の中で、学校教育と社会教育は、1960年代後半（昭和40年代後半）頃から、「学社連携」という言葉で、お

互いが連携・協力して教育に取り組む必要性が言われるようになった。学校教育を中心に整備された公教育の中では、実態はなかなか進まなかったが、1994（平成6）年に山本恒夫により「学社融合」が提唱され[2]、同じ頃「生きる力」を育むための開かれた学校づくりが叫ばれており、学社連携・融合の取組が広まった。平成8年の生涯学習審議会答申においても、学社連携の最も進んだ形態として学社融合を位置付け、文部省（現文部科学省）もその推進に力を注いだ。学社連携・融合の「学」は学校教育であり、「社」は社会教育であるとされるが、それらの取組が活発になる中で、学校と地域の連携協力が重要視されるようになり、「社」を社会教育だけでなく地域社会の教育・学習活動全体と捉えるようになった。

　学社連携と学社融合の違いは、人材、教材、施設・設備等の教育・学習資源の扱い方の違いである。学社連携の場合には、学校と地域社会の教育・学習機関等は、それぞれが持つ教育・学習資源を互いに貸し借りしている状態である。例えば、学校の教育資源を提供する学社連携として、学校のグラウンドや体育館を開放するような学校開放があげられるし、地域社会の教育・学習資源を提供する学社連携として、地域の人々による学校支援ボランティア活動などがあげられる。この学社連携では、資源の貸し借りにおいて不公平感が生じると、双方の協力関係を保つことが難しい傾向にある。

　一方、学社融合は、学校教育と社会の教育・学習活動の資源を共有して一緒に活動を行うことを言う。一緒に行った活動について、学校側はそれを学校教育とし、社会の側はそれを人々の学習活動と捉えるのである。例えば、公民館の調理室で中学生と地域住民が参加した料理教室を開いた場合に、これを中学生にとっては家庭科の授業を受けたこととし、地域住民には公民館の料理教室に通ったこととする実践例があげられる。この場合、学校は地域社会の人々や教育施設と協力することにより豊かな教育場面を展開できるようになっており、逆に地域社会の人々や教育施設の側は、生徒への指導を通して学習活動の成果

を活用できる等の成果を得ている。学社融合とは、このように資源を共有して活動することにより、学校と地域社会の双方にメリットをもたらそうというものである。

　学社連携と学社融合には、上述のような違いが厳密にはあるが、現在は用語の違いにこだわるよりも実践こそが重要と考えられ、学社連携・融合とまとめて言われるようになっている。実際、学社連携・融合の取組として、①学校の授業と地域の人々の生涯学習の機会を重ねて、児童生徒と地域の人々が一緒に学習する実践、②人々が学習成果等を生かして学校教育を支援する実践、③児童生徒が日頃の学習成果を生かして、地域の人々の生涯学習を支援する実践、④公民館事業と授業を重ねたり、公共図書館の司書が学校に出向いてブックトークを行ったり、博物館で授業を行ったりするなど、学校教育と社会教育施設の事業を融合する実践等が生まれた。家庭・学校・地域が一体となって教育に取り組むことが求められる中では、より一層、言葉にとらわれず、実情に応じて可能な協力体制を検討することが望まれた。

２．地域による学校支援

　2006（平成18）年の教育基本法改正により、第十三条として「学校、家庭及び地域住民等の相互の連携協力」の規定が新設されると、学校と社会の連携協力体制に関して、「学社連携・融合」よりも、学校の求めに応じて地域が学校を支援する方向性が打ち出され、「学校支援」という言葉が用いられるようになった。文部科学省も、教育基本法第十三条に基づいて2008（平成20）年度社会教育法を改正し、「学校支援地域本部」を立ち上げ、学校・家庭・地域が一体となって地域ぐるみで子どもを育てる体制を整えはじめた。

　学校支援地域本部は、学校の教育活動を支援するため、地域住民の学校支援ボランティアなどへの参加をコーディネートする、いわば地域につくられた学校の応援団である。主なねらいは、①学校、家庭、地域が一丸となって、地域

ぐるみで子どもを育てる、②地域住民が学校を支援して教育の充実と教員の負担軽減を図る、③地域住民の力をフルに活用し、それぞれの地域の教育機能を学校中心に再構築し、地域の教育力の向上を図ることにあった。学校支援地域本部には、学校や保護者、地域に関係する代表等による地域教育協議会が設けられ、そこでどのような支援を行うかなどの方針・企画立案が行われた。同時に本部には地域コーディネーターが置かれ、この地域コーディネーターが学校とボランティア、ボランティア間の連絡調整などの学校支援地域本部の実質的な運営を担い、中核的な役割を果たした。そして、実際には地域住民が、学校のニーズに応じて支援活動を行った。支援内容の代表的なものとしては、①授業に補助的に入り、ドリルの採点、実験・実習の補助等の学習支援活動、②部活動の指導、③図書の整理や読み聞かせ、グラウンドの整備や芝生の手入れ、花壇や樹木の整備等の校内の環境整備、④登下校時における子どもの安全確保、⑤学校行事の運営支援があげられる。これらの支援内容の中には、学校支援地域本部が立ち上がる以前から長年取り組まれてきたものもあり、そのような地域住民による個別の活動が、学校支援地域本部の設置によって、「学校を支援・応援する」取組としてまとまったものと捉えられ、誰もがそうした活動を意識できるようになったと思われる。なお、この事業は、文部科学省により2008（平成20）年度より2016（平成28）年度まで推進された。

　一方、学校自体も、21世紀に入ってからは前述のとおり開かれた学校づくりが重視され、その典型的な形としてコミュニティ・スクール（学校運営協議会制度）が強力に進められるようになった。これは、地域住民や保護者等が、教育委員会や校長と責任を分担し学校運営に携わることで、地域に開かれ、地域に支えられる学校づくりを目指すものであり、設置は教育委員会が決定する。協議会には、①コミュニティ・スクールの運営に関して、教育課程の編成その他教育委員会規則で定める事項について、校長が作成する基本的な方針の承認を行う、②コミュニティ・スクールの運営に関する事項について、教育委員会

又は校長に対して、意見を述べる、③コミュニティ・スクールの教職員の採用その他の任用に関する事項について、任命権者に対して直接意見を述べることができ、その意見は任命権者に尊重される等の役割が与えられている（地方教育行政の組織及び運営に関する法律（地教行法）第四七条の6）。

　また、2002（平成14）年度に完全学校週5日制が開始され、子どもたちが学校ではなく家庭や地域で過ごす時間を保障されるようになりながらも、同時に子どもが犠牲になる凶悪犯罪や家庭・地域の教育力低下が問題視される中、文部科学省は2004（平成16）年度から「地域子ども教室推進事業」（地域教育力再生プラン）を開始し、この事業を踏襲する形で、2007（平成19）年度より「放課後子供教室推進事業」を始めた。これは、放課後や週末等に地域の人々の参画を得て、子どもたちに遊び、学習、スポーツ・文化活動、地域の人々との交流活動や生活の場を確保しようというもので、事業計画の策定、プログラムの企画、人材確保、事業評価等を行う運営委員会が設置され、コーディネーターが配置されている。なお、放課後の子どもの居場所としては、以前から学童保育が存在していることもあり、この事業は開始時より厚生労働省と連携をとって、「放課後児童クラブ」（学童保育のこと）と併せて、「放課後子どもプラン」として推進が図られた。さらに、2009（平成21）年度に学校・家庭・地域の連携協力推進事業が始められてからは、学校支援地域本部事業等と組み合わせての実施が可能となった。2014（平成26）年度には、放課後児童クラブと放課後子供教室の一体的な実施も目指した「放課後子ども総合プラン」が策定された。子どもの土曜日の過ごし方に関しては、2013（平成25）年に学校教育法施行規則が改正され、学校における土曜授業に取り組みやすくなるとともに、翌年度に「土曜日の教育活動推進プラン」が開始され、学校と地域・企業間の連携による土曜日の教育活動の推進が図られるようになった。

３．学校支援から地域学校協働へ

　2015（平成27）年に出された中央教育審議会答申『新しい時代の教育や地方創生の実現に向けた学校と地域の連携・協働の在り方と今後の推進方策について』では、従来の「学校支援地域本部」等の地域と学校の連携体制を基盤とし、地域による学校の「支援」から、地域と学校双方向の「連携・協働」へ、また「個別の活動」から活動の「総合化・ネットワーク化」を目指し、幅広い地域住民の参画により、地域学校協働活動を推進する新たな体制として「地域学校協働本部」が提言された。背景には、深刻化する地域や家庭の教育力の低下、家庭の孤立化等の課題、学校を取り巻く問題の複雑化・困難化に対する社会総がかりの取組が期待され、そのためには、地域と学校がパートナーとして連携・協働するための組織的・継続的な仕組が必要不可欠であること、学校側においても「社会に開かれた教育課程」の実現に向けて地域との連携・協働を一層進めていくことが求められていることがある。この答申を受けて、2016（平成28）年に社会教育法が改正、翌年度には施行され、「地域学校協働活動推進事業」が開始され、現在に至っている。

　地域学校協働では、子どもの成長を中心に、地域と学校が仲間として連携・協働し、互いに膝を突き合わせて、意見を出し合い、学び合う中で、地域の将来を担う人材の育成という観点で子どもの教育に関わり、同時に地域住民のつながりを深めることにより、自立した地域社会の基盤の構築・活性化を図る「学校を核とした地域づくり」を推進し、地域の創生につながっていくことを期待している。ここで学校と関わり合いを持つ地域住民及び団体の範囲は社会教育にとどまらずかなり広い。ＰＴＡ、社会教育関係団体、民間教育事業者、文化団体、スポーツ団体等の教育・学習関係の団体だけでなく、企業・経済団体、労働関係機関・団体、福祉関係機関・団体、警察・消防等、より多くの、より幅広い層の地域住民、団体等が参画し、未来を担う子どもの成長を支えることに関する目標を共有し、緩やかなネットワークを形成することを求めている。

216

そのネットワークに支えられて、地域学校協働本部は、①コーディネート機能、②より多くの地域住民等の参画による多様な活動、③継続的な活動、の３点を重視して、学校と連携・協働し、これまでの学校支援地域本部による学校支援活動に加え、放課後子供教室や土曜日の教育活動、家庭教育支援活動、地域社会における地域活動、学びによるまちづくり等の活動を互いに関わり合いを持たせて推進しようとしている。様々なコーディネートを担うコーディネーターは、2017（平成29）年の社会教育法改正により「地域学校協働活動推進員」として、教育委員会が委嘱できるようになり、法律に位置付けられ認められる存在となった。

　前項で取り上げた「放課後子ども総合プラン」に関しても、地域学校協働活動の一環として位置付けられ、地域と学校の連携・協働により、子どもの多様な体験や学びの機会の充実が図られ、社会総がかりでの教育の実現が求められている。2018（平成30）年度には、「新・放課後子ども総合プラン」が策定され、放課後児童クラブと放課後子供教室の一体型を中心とした計画的な整備が始められている。

　コミュニティ・スクールとの関係については、2017（平成29）年の地方教育行政の組織及び運営に関する法律（地教行法）改正により、学校運営への必要な支援等について「協議する場」である学校運営協議会に、実際に支援活動を行う地域学校協働本部から地域学校協働活動推進員がメンバーとして加わるようになった。

４．地域学校協働活動の実際と課題

　国は、地域学校協働活動について、2022年度までに、全国の全小中学校区をカバーして地域学校協働活動を推進し、地域学校協働本部を設置したいとしているが、一方で、その活動の本質的な性質や継続性・安定性を考えれば、地域住民の意思や主体性、各地域の特性を十分考慮する必要があり、一律的な実施

を求めてはいない。学校支援地域本部等がすでに構築され、充実した学校支援が行われている地域であれば、その状況を基礎として、地域と学校の連携・協働型の事業に発展すること、学校支援活動も十分ではない地域であれば、実践可能な活動から徐々に活動の幅を広げて、地域学校協働本部に発展することが望まれている。

　実際に、2018（平成30）年11月の段階で、地域学校協働活動は全国の7437の小学校と3632の中学校で行われ、地域学校協働本部は全国772市区町村で6190本部整備されている。活動の内容は、小中学生が地域資源を見直し学区の特産品の商品化するまでの過程を地域全体が一体となってサポートした事例、中学校生徒が学校支援地域本部のコーディネートにより地域貢献・ボランティア活動に積極的に出向いた事例、公民館が学校支援の本部となって地域住民と学校とをつなげた事例、外部人材の活用により子ども向けのロボット＆プログラミング教室を開催した事例等、多岐にわたる。

　活動にあたっては、コーディネーターへの過度の依存、連携していく必要のある保護者、地域住民、教員の間のコミュニケーション不足による共通認識の不足等の課題があげられる。形はどのようであっても、全国の各地域で、学び合う場としての地域学校協働活動が推進されることを期待したい。

注

（１）ステークホルダー（stake holder）とは、活動や取組等に関わる利害関係者のことで、多様なステークホルダーのことをマルチステークホルダーと言う。この場合の利害関係者について言えば、利害が異なる人のみならず意見や考え方が異なる人等を含む様々な立場の人々のことである。持続可能な開発・発展のために1980年代後半に国連は多様な人々が意思決定に参画・参加するマルチステークホルダー・プロセスを提唱し、日本でも内閣府は「持続可能な未来のためのマルチステークホルダー・サイト」を開設してマルチステークホルダー・プロセスを推進している。https//

www5.cao.go.jp/npc/sustainability/index.html

（2）　山本恒夫「生涯学習と家庭教育・学校教育・社会教育」（山本恒夫編著『生涯学習概論』東京書籍、1998（平成10）年、29〜37頁などを参照のこと。

参考文献

- 国立教育政策研究所社会教育実践研究センター『二訂　生涯学習概論ハンドブック』2018（平成30）年
- 文部科学省『地域学校協働活動』パンフレット、2018（平成30）年
- 文部科学省『地域学校協働活動ハンドブック』、2018（平成30）年
- 文部科学省『社会教育統計（社会教育調査報告書）』、2017（平成29）年
- 国立教育政策研究所社会教育実践研究センター『地域学校協働活動推進のための地域コーディネーターと地域連携担当職員の育成研修ハンドブック』、2017（平成29）年
- 文部科学省『地域学校協働活動の推進に向けたガイドライン』三校の手引
- 内閣府『生涯学習に関する世論調査』、2018（平成30）年7月
  https://survey.gov-online.go.jp/h30/h30-gakushu/index.html
- 内閣府『我が国と諸外国の若者の意識に関する調査』、2014（平成26）年
  https://www8.cao.go.jp/youth/kenkyu/thinking/h25/pdf_index.html
- 生涯学習審議会生涯学習分科会『第6期中央教育審議会生涯学習分科会における議論の整理』、2013（平成25）年1月
  http://www.mext.go.jp/component/b_menu/shingi/giji/__icsFiles/afieldfile/2013/02/19/1330338_1_1.pdf
- 生涯学習審議会答申「社会の変化に対応した今後の社会教育行政の在り方について（答申）」、1998（平成10）年9月
  http://www.mext.go.jp/b_menu/hakusho/nc/t19920803001/t19920803001.html
- 生涯学習審議会答申「今後の社会の動向に対応した生涯学習の振興方策」、1992（平成4）年7月
  http://www.mext.go.jp/b_menu/shingi/old_chukyo/old_gakushu_index/toushin/1315178.htm
- 文部科学省ホームページ（子供たちの未来をはぐくむ家庭教育）
- 厚生労働省ホームページ（政策について〜子ども・子育て支援）
- 内閣府ホームページ（政策について〜子ども・子育て支援新制度）
- 文部科学省「学校と地域でつくる学びの未来」http://manabi-mirai.mext.go.jp/

資料　生涯学習関連の法律

教育基本法
（平成十八年十二月二十二日法律第百二十号）
教育基本法（昭和二十二年法律第二十五号）の全部を改正する。

前文
　我々日本国民は、たゆまぬ努力によって築いてきた民主的で文化的な国家を更に発展させるとともに、世界の平和と人類の福祉の向上に貢献することを願うものである。
　我々は、この理想を実現するため、個人の尊厳を重んじ、真理と正義を希求し、公共の精神を尊び、豊かな人間性と創造性を備えた人間の育成を期するとともに、伝統を継承し、新しい文化の創造を目指す教育を推進する。
　ここに、我々は、日本国憲法の精神にのっとり、我が国の未来を切り拓く教育の基本を確立し、その振興を図るため、この法律を制定する。

第一章　教育の目的及び理念

（教育の目的）
第一条　教育は、人格の完成を目指し、平和で民主的な国家及び社会の形成者として必要な資質を備えた心身ともに健康な国民の育成を期して行われなければならない。

（教育の目標）
第二条　教育は、その目的を実現するため、学問の自由を尊重しつつ、次に掲げる目標を達成するよう行われるものとする。
　一　幅広い知識と教養を身に付け、真理を求める態度を養い、豊かな情操と道徳心を培うとともに、健やかな身体を養うこと。
　二　個人の価値を尊重して、その能力を伸ばし、創造性を培い、自主及び自律の精神を養うとともに、職業及び生活との関連を重視し、勤労を重んずる態度を養うこと。

三　正義と責任、男女の平等、自他の敬愛と協力を重んずるとともに、公共の精神
　　に基づき、主体的に社会の形成に参画し、その発展に寄与する態度を養うこと。
四　生命を尊び、自然を大切にし、環境の保全に寄与する態度を養うこと。
五　伝統と文化を尊重し、それらをはぐくんできた我が国と郷土を愛するとともに、
　　他国を尊重し、国際社会の平和と発展に寄与する態度を養うこと。

（生涯学習の理念）
第三条　国民一人一人が、自己の人格を磨き、豊かな人生を送ることができるよう、
　　その生涯にわたって、あらゆる機会に、あらゆる場所において学習することができ、
　　その成果を適切に生かすことのできる社会の実現が図られなければならない。

（教育の機会均等）
第四条　すべて国民は、ひとしく、その能力に応じた教育を受ける機会を与えられな
　　ければならず、人種、信条、性別、社会的身分、経済的地位又は門地によって、教
　　育上差別されない。
2　国及び地方公共団体は、障害のある者が、その障害の状態に応じ、十分な教育を
　　受けられるよう、教育上必要な支援を講じなければならない。
3　国及び地方公共団体は、能力があるにもかかわらず、経済的理由によって修学が
　　困難な者に対して、奨学の措置を講じなければならない。

　第二章　教育の実施に関する基本

（義務教育）
第五条　国民は、その保護する子に、別に法律で定めるところにより、普通教育を受
　　けさせる義務を負う。
2　義務教育として行われる普通教育は、各個人の有する能力を伸ばしつつ社会にお
　　いて自立的に生きる基礎を培い、また、国家及び社会の形成者として必要とされる
　　基本的な資質を養うことを目的として行われるものとする。
3　国及び地方公共団体は、義務教育の機会を保障し、その水準を確保するため、適
　　切な役割分担及び相互の協力の下、その実施に責任を負う。
4　国又は地方公共団体の設置する学校における義務教育については、授業料を徴収
　　しない。

（学校教育）

第六条　法律に定める学校は、公の性質を有するものであって、国、地方公共団体及び法律に定める法人のみが、これを設置することができる。

2　前項の学校においては、教育の目標が達成されるよう、教育を受ける者の心身の発達に応じて、体系的な教育が組織的に行われなければならない。この場合において、教育を受ける者が、学校生活を営む上で必要な規律を重んずるとともに、自ら進んで学習に取り組む意欲を高めることを重視して行われなければならない。

（大学）

第七条　大学は、学術の中心として、高い教養と専門的能力を培うとともに、深く真理を探究して新たな知見を創造し、これらの成果を広く社会に提供することにより、社会の発展に寄与するものとする。

2　大学については、自主性、自律性その他の大学における教育及び研究の特性が尊重されなければならない。

（私立学校）

第八条　私立学校の有する公の性質及び学校教育において果たす重要な役割にかんがみ、国及び地方公共団体は、その自主性を尊重しつつ、助成その他の適当な方法によって私立学校教育の振興に努めなければならない。

（教員）

第九条　法律に定める学校の教員は、自己の崇高な使命を深く自覚し、絶えず研究と修養に励み、その職責の遂行に努めなければならない。

2　前項の教員については、その使命と職責の重要性にかんがみ、その身分は尊重され、待遇の適正が期せられるとともに、養成と研修の充実が図られなければならない。

（家庭教育）

第十条　父母その他の保護者は、子の教育について第一義的責任を有するものであって、生活のために必要な習慣を身に付けさせるとともに、自立心を育成し、心身の調和のとれた発達を図るよう努めるものとする。

2　国及び地方公共団体は、家庭教育の自主性を尊重しつつ、保護者に対する学習の機会及び情報の提供その他の家庭教育を支援するために必要な施策を講ずるよう努

めなければならない。

（幼児期の教育）

第十一条　幼児期の教育は、生涯にわたる人格形成の基礎を培う重要なものであることにかんがみ、国及び地方公共団体は、幼児の健やかな成長に資する良好な環境の整備その他適当な方法によって、その振興に努めなければならない。

（社会教育）

第十二条　個人の要望や社会の要請にこたえ、社会において行われる教育は、国及び地方公共団体によって奨励されなければならない。

2　国及び地方公共団体は、図書館、博物館、公民館その他の社会教育施設の設置、学校の施設の利用、学習の機会及び情報の提供その他の適当な方法によって社会教育の振興に努めなければならない。

（学校、家庭及び地域住民等の相互の連携協力）

第十三条　学校、家庭及び地域住民その他の関係者は、教育におけるそれぞれの役割と責任を自覚するとともに、相互の連携及び協力に努めるものとする。

（政治教育）

第十四条　良識ある公民として必要な政治的教養は、教育上尊重されなければならない。

2　法律に定める学校は、特定の政党を支持し、又はこれに反対するための政治教育その他政治的活動をしてはならない。

（宗教教育）

第十五条　宗教に関する寛容の態度、宗教に関する一般的な教養及び宗教の社会生活における地位は、教育上尊重されなければならない。

2　国及び地方公共団体が設置する学校は、特定の宗教のための宗教教育その他宗教的活動をしてはならない。

第三章　教育行政

（教育行政）

第十六条　教育は、不当な支配に服することなく、この法律及び他の法律の定めると

ころにより行われるべきものであり、教育行政は、国と地方公共団体との適切な役割分担及び相互の協力の下、公正かつ適正に行われなければならない。

2　国は、全国的な教育の機会均等と教育水準の維持向上を図るため、教育に関する施策を総合的に策定し、実施しなければならない。

3　地方公共団体は、その地域における教育の振興を図るため、その実情に応じた教育に関する施策を策定し、実施しなければならない。

4　国及び地方公共団体は、教育が円滑かつ継続的に実施されるよう、必要な財政上の措置を講じなければならない。

（教育振興基本計画）

第十七条　政府は、教育の振興に関する施策の総合的かつ計画的な推進を図るため、教育の振興に関する施策についての基本的な方針及び講ずべき施策その他必要な事項について、基本的な計画を定め、これを国会に報告するとともに、公表しなければならない。

2　地方公共団体は、前項の計画を参酌し、その地域の実情に応じ、当該地方公共団体における教育の振興のための施策に関する基本的な計画を定めるよう努めなければならない。

　　第四章　法令の制定

第十八条　この法律に規定する諸条項を実施するため、必要な法令が制定されなければならない。

社会教育法

（昭和二十四年六月十日法律第二百七号）

（最近改正：令和元年六月七日法律第二十六号）

第一章　総則

（この法律の目的）

第一条　この法律は、教育基本法（平成十八年法律第百二十号）の精神に則り、社会教育に関する国及び地方公共団体の任務を明らかにすることを目的とする。

（社会教育の定義）

第二条　この法律で「社会教育」とは、学校教育法（昭和二十二年法律第二十六号）又は就学前の子どもに関する教育、保育等の総合的な提供の推進に関する法律（平成十八年法律第七十七号）に基き、学校の教育課程として行われる教育活動を除き、主として青少年及び成人に対して行われる組織的な教育活動（体育及びレクリエーションの活動を含む。）をいう。

（国及び地方公共団体の任務）

第三条　国及び地方公共団体は、この法律及び他の法令の定めるところにより、社会教育の奨励に必要な施設の設置及び運営、集会の開催、資料の作製、頒布その他の方法により、すべての国民があらゆる機会、あらゆる場所を利用して、自ら実際生活に即する文化的教養を高め得るような環境を醸成するように努めなければならない。

2　国及び地方公共団体は、前項の任務を行うに当たつては、国民の学習に対する多様な需要を踏まえ、これに適切に対応するために必要な学習の機会の提供及びその奨励を行うことにより、生涯学習の振興に寄与することとなるよう努めるものとする。

3　国及び地方公共団体は、第一項の任務を行うに当たつては、社会教育が学校教育及び家庭教育との密接な関連性を有することにかんがみ、学校教育との連携の確保に努め、及び家庭教育の向上に資することとなるよう必要な配慮をするとともに、学校、家庭及び地域住民その他の関係者相互間の連携及び協力の促進に資することとなるよう努めるものとする。

資料　生涯学習関連の法律　225

（国の地方公共団体に対する援助）

第四条　前条第一項の任務を達成するために、国は、この法律及び他の法令の定める
　ところにより、地方公共団体に対し、予算の範囲内において、財政的援助並びに物
　資の提供及びそのあつせんを行う。

（市町村の教育委員会の事務）

第五条　市（特別区を含む。以下同じ。）町村の教育委員会は、社会教育に関し、当該
　地方の必要に応じ、予算の範囲内において、次の事務を行う。

　一　社会教育に必要な援助を行うこと。

　二　社会教育委員の委嘱に関すること。

　三　公民館の設置及び管理に関すること。

　四　所管に属する図書館、博物館、青年の家その他の社会教育施設の設置及び管理
　　に関すること。

　五　所管に属する学校の行う社会教育のための講座の開設及びその奨励に関するこ
　　と。

　六　講座の開設及び討論会、講習会、講演会、展示会その他の集会の開催並びにこ
　　れらの奨励に関すること。

　七　家庭教育に関する学習の機会を提供するための講座の開設及び集会の開催並び
　　に家庭教育に関する情報の提供並びにこれらの奨励に関すること。

　八　職業教育及び産業に関する科学技術指導のための集会の開催並びにその奨励に
　　関すること。

　九　生活の科学化の指導のための集会の開催及びその奨励に関すること。

　十　情報化の進展に対応して情報の収集及び利用を円滑かつ適正に行うために必要
　　な知識又は技能に関する学習の機会を提供するための講座の開設及び集会の開催
　　並びにこれらの奨励に関すること。

　十一　運動会、競技会その他体育指導のための集会の開催及びその奨励に関するこ
　　と。

　十二　音楽、演劇、美術その他芸術の発表会等の開催及びその奨励に関すること。

　十三　主として学齢児童及び学齢生徒（それぞれ学校教育法第十八条に規定する学
　　齢児童及び学齢生徒をいう。）に対し、学校の授業の終了後又は休業日において学
　　校、社会教育施設その他適切な施設を利用して行う学習その他の活動の機会を提

供する事業の実施並びにその奨励に関すること。

十四　青少年に対しボランティア活動など社会奉仕体験活動、自然体験活動その他の体験活動の機会を提供する事業の実施及びその奨励に関すること。

十五　社会教育における学習の機会を利用して行つた学習の成果を活用して学校、社会教育施設その他地域において行う教育活動その他の活動の機会を提供する事業の実施及びその奨励に関すること。

十六　社会教育に関する情報の収集、整理及び提供に関すること。

十七　視聴覚教育、体育及びレクリエーションに必要な設備、器材及び資料の提供に関すること。

十八　情報の交換及び調査研究に関すること。

十九　その他第三条第一項の任務を達成するために必要な事務

2　市町村の教育委員会は、前項第十三号から第十五号までに規定する活動であつて地域住民その他の関係者（以下この項及び第九条の七第二項において「地域住民等」という。）が学校と協働して行うもの（以下「地域学校協働活動」という。）の機会を提供する事業を実施するに当たつては、地域住民等の積極的な参加を得て当該地域学校協働活動が学校との適切な連携の下に円滑かつ効果的に実施されるよう、地域住民等と学校との連携協力体制の整備、地域学校協働活動に関する普及啓発その他の必要な措置を講ずるものとする。

3　地方教育行政の組織及び運営に関する法律（昭和三十一年法律第百六十二号）第二十三条第一項の条例の定めるところによりその長が同項第一号に掲げる事務（以下「特定事務」という。）を管理し、及び執行することとされた地方公共団体（以下「特定地方公共団体」という。）である市町村にあつては、第一項の規定にかかわらず、同項第三号及び第四号の事務のうち特定事務に関するものは、その長が行うものとする。

（都道府県の教育委員会の事務）

第六条　都道府県の教育委員会は、社会教育に関し、当該地方の必要に応じ、予算の範囲内において、前条各号の事務（第三号の事務を除く。）を行うほか、次の事務を行う。

一　公民館及び図書館の設置及び管理に関し、必要な指導及び調査を行うこと。

二　社会教育を行う者の研修に必要な施設の設置及び運営、講習会の開催、資料の

配布等に関すること。

三　社会教育施設の設置及び運営に必要な物資の提供及びそのあつせんに関すること。

四　市町村の教育委員会との連絡に関すること。

五　その他法令によりその職務権限に属する事項

2　前条第二項の規定は、都道府県の教育委員会が地域学校協働活動の機会を提供する事業を実施する場合に準用する。

3　特定地方公共団体である都道府県にあつては、第一項の規定にかかわらず、前条第一項第四号の事務のうち特定事務に関するものは、その長が行うものとする。

（教育委員会と地方公共団体の長との関係）

第七条　地方公共団体の長は、その所掌に関する必要な広報宣伝で視聴覚教育の手段を利用することその他教育の施設及び手段によることを適当とするものにつき、教育委員会に対し、その実施を依頼し、又は実施の協力を求めることができる。

2　前項の規定は、他の行政庁がその所掌に関する必要な広報宣伝につき、教育委員会（特定地方公共団体にあつては、その長又は教育委員会）に対し、その実施を依頼し、又は実施の協力を求める場合に準用する。

第八条　教育委員会は、社会教育に関する事務を行うために必要があるときは、当該地方公共団体の長及び関係行政庁に対し、必要な資料の提供その他の協力を求めることができる。

第八条の二　特定地方公共団体の長は、特定事務のうち当該特定地方公共団体の教育委員会の所管に属する学校、社会教育施設その他の施設における教育活動と密接な関連を有するものとして当該特定地方公共団体の規則で定めるものを管理し、及び執行するに当たつては、当該教育委員会の意見を聴かなければならない。

2　特定地方公共団体の長は、前項の規則を制定し、又は改廃しようとするときは、あらかじめ、当該特定地方公共団体の教育委員会の意見を聴かなければならない。

第八条の三　特定地方公共団体の教育委員会は、特定事務の管理及び執行について、その職務に関して必要と認めるときは、当該特定地方公共団体の長に対し、意見を述べることができる。

（図書館及び博物館）

第九条　図書館及び博物館は、社会教育のための機関とする。

2　図書館及び博物館に関し必要な事項は、別に法律をもつて定める。

第二章　社会教育主事等

（社会教育主事及び社会教育主事補の設置）

第九条の二　都道府県及び市町村の教育委員会の事務局に、社会教育主事を置く。

2　都道府県及び市町村の教育委員会の事務局に、社会教育主事補を置くことができる。

（社会教育主事及び社会教育主事補の職務）

第九条の三　社会教育主事は、社会教育を行う者に専門的技術的な助言と指導を与える。ただし、命令及び監督をしてはならない。

2　社会教育主事は、学校が社会教育関係団体、地域住民その他の関係者の協力を得て教育活動を行う場合には、その求めに応じて、必要な助言を行うことができる。

3　社会教育主事補は、社会教育主事の職務を助ける。

（社会教育主事の資格）

第九条の四　次の各号のいずれかに該当する者は、社会教育主事となる資格を有する。

　　一　大学に二年以上在学して六十二単位以上を修得し、又は高等専門学校を卒業し、かつ、次に掲げる期間を通算した期間が三年以上になる者で、次条の規定による社会教育主事の講習を修了したもの

　　　イ　社会教育主事補の職にあつた期間

　　　ロ　官公署、学校、社会教育施設又は社会教育関係団体における職で司書、学芸員その他の社会教育主事補の職と同等以上の職として文部科学大臣の指定するものにあつた期間

　　　ハ　官公署、学校、社会教育施設又は社会教育関係団体が実施する社会教育に関係のある事業における業務であつて、社会教育主事として必要な知識又は技能の習得に資するものとして文部科学大臣が指定するものに従事した期間（イ又はロに掲げる期間に該当する期間を除く。）

　　二　教育職員の普通免許状を有し、かつ、五年以上文部科学大臣の指定する教育に

資料　生涯学習関連の法律　229

　関する職にあつた者で、次条の規定による社会教育主事の講習を修了したもの

三　大学に二年以上在学して、六十二単位以上を修得し、かつ、大学において文部科学省令で定める社会教育に関する科目の単位を修得した者で、第一号イからハまでに掲げる期間を通算した期間が一年以上になるもの

四　次条の規定による社会教育主事の講習を修了した者（第一号及び第二号に掲げる者を除く。）で、社会教育に関する専門的事項について前三号に掲げる者に相当する教養と経験があると都道府県の教育委員会が認定したもの

（社会教育主事の講習）

第九条の五　社会教育主事の講習は、文部科学大臣の委嘱を受けた大学その他の教育機関が行う。

2　受講資格その他社会教育主事の講習に関し必要な事項は、文部科学省令で定める。

（社会教育主事及び社会教育主事補の研修）

第九条の六　社会教育主事及び社会教育主事補の研修は、任命権者が行うもののほか、文部科学大臣及び都道府県が行う。

（地域学校協働活動推進員）

第九条の七　教育委員会は、地域学校協働活動の円滑かつ効果的な実施を図るため、社会的信望があり、かつ、地域学校協働活動の推進に熱意と識見を有する者のうちから、地域学校協働活動推進員を委嘱することができる。

2　地域学校協働活動推進員は、地域学校協働活動に関する事項につき、教育委員会の施策に協力して、地域住民等と学校との間の情報の共有を図るとともに、地域学校協働活動を行う地域住民等に対する助言その他の援助を行う。

　第三章　社会教育関係団体

（社会教育関係団体の定義）

第十条　この法律で「社会教育関係団体」とは、法人であると否とを問わず、公の支配に属しない団体で社会教育に関する事業を行うことを主たる目的とするものをいう。

（文部科学大臣及び教育委員会との関係）

第十一条　文部科学大臣及び教育委員会は、社会教育関係団体の求めに応じ、これに対し、専門的技術的指導又は助言を与えることができる。

2　文部科学大臣及び教育委員会は、社会教育関係団体の求めに応じ、これに対し、社会教育に関する事業に必要な物資の確保につき援助を行う。

（国及び地方公共団体との関係）

第十二条　国及び地方公共団体は、社会教育関係団体に対し、いかなる方法によつても、不当に統制的支配を及ぼし、又はその事業に干渉を加えてはならない。

（審議会等への諮問）

第十三条　国又は地方公共団体が社会教育関係団体に対し補助金を交付しようとする場合には、あらかじめ、国にあつては文部科学大臣が審議会等（国家行政組織法（昭和二十三年法律第百二十号）第八条に規定する機関をいう。第五十一条第三項において同じ。）で政令で定めるものの、地方公共団体にあつては教育委員会が社会教育委員の会議（社会教育委員が置かれていない場合には、条例で定めるところにより社会教育に係る補助金の交付に関する事項を調査審議する審議会その他の合議制の機関）の意見を聴いて行わなければならない。

（報告）

第十四条　文部科学大臣及び教育委員会は、社会教育関係団体に対し、指導資料の作製及び調査研究のために必要な報告を求めることができる。

　　第四章　社会教育委員

（社会教育委員の設置）

第十五条　都道府県及び市町村に社会教育委員を置くことができる。

2　社会教育委員は、教育委員会が委嘱する。

第十六条　削除

（社会教育委員の職務）

第十七条　社会教育委員は、社会教育に関し教育委員会に助言するため、次の職務を行う。

一　社会教育に関する諸計画を立案すること。

　二　定時又は臨時に会議を開き、教育委員会の諮問に応じ、これに対して、意見を述べること。

　三　前二号の職務を行うために必要な研究調査を行うこと。

2　社会教育委員は、教育委員会の会議に出席して社会教育に関し意見を述べることができる。

3　市町村の社会教育委員は、当該市町村の教育委員会から委嘱を受けた青少年教育に関する特定の事項について、社会教育関係団体、社会教育指導者その他関係者に対し、助言と指導を与えることができる。

（社会教育委員の委嘱の基準等）

第十八条　社会教育委員の委嘱の基準、定数及び任期その他社会教育委員に関し必要な事項は、当該地方公共団体の条例で定める。この場合において、社会教育委員の委嘱の基準については、文部科学省令で定める基準を参酌するものとする。

第十九条　　削除

　第五章　公民館

（目的）

第二十条　公民館は、市町村その他一定区域内の住民のために、実際生活に即する教育、学術及び文化に関する各種の事業を行い、もつて住民の教養の向上、健康の増進、情操の純化を図り、生活文化の振興、社会福祉の増進に寄与することを目的とする。

（公民館の設置者）

第二十一条　公民館は、市町村が設置する。

2　前項の場合を除くほか、公民館は、公民館の設置を目的とする一般社団法人又は一般財団法人（以下この章において「法人」という。）でなければ設置することができない。

3　公民館の事業の運営上必要があるときは、公民館に分館を設けることができる。

（公民館の事業）

第二十二条　公民館は、第二十条の目的達成のために、おおむね、左の事業を行う。但し、この法律及び他の法令によつて禁じられたものは、この限りでない。

一　定期講座を開設すること。

二　討論会、講習会、講演会、実習会、展示会等を開催すること。

三　図書、記録、模型、資料等を備え、その利用を図ること。

四　体育、レクリエーション等に関する集会を開催すること。

五　各種の団体、機関等の連絡を図ること。

六　その施設を住民の集会その他の公共的利用に供すること。

（公民館の運営方針）

第二十三条　公民館は、次の行為を行つてはならない。

一　もつぱら営利を目的として事業を行い、特定の営利事務に公民館の名称を利用させその他営利事業を援助すること。

二　特定の政党の利害に関する事業を行い、又は公私の選挙に関し、特定の候補者を支持すること。

2　市町村の設置する公民館は、特定の宗教を支持し、又は特定の教派、宗派若しくは教団を支援してはならない。

（公民館の基準）

第二十三条の二　文部科学大臣は、公民館の健全な発達を図るために、公民館の設置及び運営上必要な基準を定めるものとする。

2　文部科学大臣及び都道府県の教育委員会は、市町村の設置する公民館が前項の基準に従つて設置され及び運営されるように、当該市町村に対し、指導、助言その他の援助に努めるものとする。

（公民館の設置）

第二十四条　市町村が公民館を設置しようとするときは、条例で、公民館の設置及び管理に関する事項を定めなければならない。

第二十五条及び第二十六条　削除

（公民館の職員）

第二十七条　公民館に館長を置き、主事その他必要な職員を置くことができる。

2　館長は、公民館の行う各種の事業の企画実施その他必要な事務を行い、所属職員を監督する。

3　主事は、館長の命を受け、公民館の事業の実施にあたる。

第二十八条　市町村の設置する公民館の館長、主事その他必要な職員は、当該市町村の教育委員会（特定地方公共団体である市町村の長がその設置、管理及び廃止に関する事務を管理し、及び執行することとされた公民館（第三十条第一項及び第四十条第一項において「特定公民館」という。）の館長、主事その他必要な職員にあつては、当該市町村の長）が任命する。

（公民館の職員の研修）
第二十八条の二　第九条の六の規定は、公民館の職員の研修について準用する。

（公民館運営審議会）
第二十九条　公民館に公民館運営審議会を置くことができる。

2　公民館運営審議会は、館長の諮問に応じ、公民館における各種の事業の企画実施につき調査審議するものとする。

第三十条　市町村の設置する公民館にあつては、公民館運営審議会の委員は、当該市町村の教育委員会（特定公民館に置く公民館運営審議会の委員にあつては、当該市町村の長）が委嘱する。

2　前項の公民館運営審議会の委員の委嘱の基準、定数及び任期その他当該公民館運営審議会に関し必要な事項は、当該市町村の条例で定める。この場合において、委員の委嘱の基準については、文部科学省令で定める基準を参酌するものとする。

第三十一条　法人の設置する公民館に公民館運営審議会を置く場合にあつては、その委員は、当該法人の役員をもつて充てるものとする。

（運営の状況に関する評価等）
第三十二条　公民館は、当該公民館の運営の状況について評価を行うとともに、その結果に基づき公民館の運営の改善を図るため必要な措置を講ずるよう努めなければならない。

（運営の状況に関する情報の提供）

第三十二条の二　公民館は、当該公民館の事業に関する地域住民その他の関係者の理解を深めるとともに、これらの者との連携及び協力の推進に資するため、当該公民館の運営の状況に関する情報を積極的に提供するよう努めなければならない。

（基金）

第三十三条　公民館を設置する市町村にあつては、公民館の維持運営のために、地方自治法（昭和二十二年法律第六十七号）第二百四十一条の基金を設けることができる。

（特別会計）

第三十四条　公民館を設置する市町村にあつては、公民館の維持運営のために、特別会計を設けることができる。

（公民館の補助）

第三十五条　国は、公民館を設置する市町村に対し、予算の範囲内において、公民館の施設、設備に要する経費その他必要な経費の一部を補助することができる。

2　前項の補助金の交付に関し必要な事項は、政令で定める。

第三十六条　削除

第三十七条　都道府県が地方自治法第二百三十二条の二の規定により、公民館の運営に要する経費を補助する場合において、文部科学大臣は、政令の定めるところにより、その補助金の額、補助の比率、補助の方法その他必要な事項につき報告を求めることができる。

第三十八条　国庫の補助を受けた市町村は、左に掲げる場合においては、その受けた補助金を国庫に返還しなければならない。

一　公民館がこの法律若しくはこの法律に基く命令又はこれらに基いてした処分に違反したとき。

二　公民館がその事業の全部若しくは一部を廃止し、又は第二十条に掲げる目的以外の用途に利用されるようになつたとき。

三　補助金交付の条件に違反したとき。

四　虚偽の方法で補助金の交付を受けたとき。

資料　生涯学習関連の法律　235

（法人の設置する公民館の指導）

第三十九条　文部科学大臣及び都道府県の教育委員会は、法人の設置する公民館の運営その他に関し、その求めに応じて、必要な指導及び助言を与えることができる。

（公民館の事業又は行為の停止）

第四十条　公民館が第二十三条の規定に違反する行為を行つたときは、市町村の設置する公民館にあつては当該市町村の教育委員会（特定公民館にあつては、当該市町村の長）、法人の設置する公民館にあつては都道府県の教育委員会は、その事業又は行為の停止を命ずることができる。

2　前項の規定による法人の設置する公民館の事業又は行為の停止命令に関し必要な事項は、都道府県の条例で定めることができる。

（罰則）

第四十一条　前条第一項の規定による公民館の事業又は行為の停止命令に違反する行為をした者は、一年以下の懲役若しくは禁錮又は三万円以下の罰金に処する。

（公民館類似施設）

第四十二条　公民館に類似する施設は、何人もこれを設置することができる。

2　前項の施設の運営その他に関しては、第三十九条の規定を準用する。

第六章　学校施設の利用

（適用範囲）

第四十三条　社会教育のためにする国立学校（学校教育法第一条に規定する学校（以下この条において「第一条学校」という。）及び就学前の子どもに関する教育、保育等の総合的な提供の推進に関する法律第二条第七項に規定する幼保連携型認定こども園（以下「幼保連携型認定こども園」という。）であつて国（国立大学法人法（平成十五年法律第百十二号）第二条第一項に規定する国立大学法人（次条第二項において「国立大学法人」という。）及び独立行政法人国立高等専門学校機構を含む。）が設置するものをいう。以下同じ。）又は公立学校（第一条学校及び幼保連携型認定こども園であつて地方公共団体（地方独立行政法人法（平成十五年法律第百十八号）第六十八条第一項に規定する公立大学法人（次条第二項及び第四十八条第一項において「公立大学法人」という。）を含む。）が設置するものをいう。以下同じ。）

の施設の利用に関しては、この章の定めるところによる。

（学校施設の利用）

第四十四条　学校（国立学校又は公立学校をいう。以下この章において同じ。）の管理
　　機関は、学校教育上支障がないと認める限り、その管理する学校の施設を社会教育
　　のために利用に供するように努めなければならない。

2　前項において「学校の管理機関」とは、国立学校にあつては設置者である国立大学
　　法人の学長又は独立行政法人国立高等専門学校機構の理事長、公立学校のうち、大
　　学及び幼保連携型認定こども園にあつては設置者である地方公共団体の長又は公立
　　大学法人の理事長、大学及び幼保連携型認定こども園以外の公立学校にあつては設
　　置者である地方公共団体に設置されている教育委員会又は公立大学法人の理事長を
　　いう。

> 注　令和二年四月一日から施行
> 　第四十四条第二項中「学長」の次に「若しくは理事長」を
> 加える。

（学校施設利用の許可）

第四十五条　社会教育のために学校の施設を利用しようとする者は、当該学校の管理
　　機関の許可を受けなければならない。

2　前項の規定により、学校の管理機関が学校施設の利用を許可しようとするときは、
　　あらかじめ、学校の長の意見を聞かなければならない。

第四十六条　国又は地方公共団体が社会教育のために、学校の施設を利用しようとす
　　るときは、前条の規定にかかわらず、当該学校の管理機関と協議するものとする。

第四十七条　第四十五条の規定による学校施設の利用が一時的である場合には、学校
　　の管理機関は、同条第一項の許可に関する権限を学校の長に委任することができる。

2　前項の権限の委任その他学校施設の利用に関し必要な事項は、学校の管理機関が
　　定める。

（社会教育の講座）

第四十八条　文部科学大臣は国立学校に対し、地方公共団体の長は当該地方公共団体

が設置する大学若くは幼保連携型認定こども園又は当該地方公共団体が設立する公立大学法人が設置する公立学校に対し、地方公共団体に設置されている教育委員会は当該地方公共団体が設置する大学及び幼保連携型認定こども園以外の公立学校に対し、その教育組織及び学校の施設の状況に応じ、文化講座、専門講座、夏期講座、社会学級講座等学校施設の利用による社会教育のための講座の開設を求めることができる。

2　文化講座は、成人の一般的教養に関し、専門講座は、成人の専門的学術知識に関し、夏期講座は、夏期休暇中、成人の一般的教養又は専門的学術知識に関し、それぞれ大学、高等専門学校又は高等学校において開設する。

3　社会学級講座は、成人の一般的教養に関し、小学校、中学校又は義務教育学校において開設する。

4　第一項の規定する講座を担当する講師の報酬その他必要な経費は、予算の範囲内において、国又は地方公共団体が負担する。

　第七章　通信教育

（適用範囲）
第四十九条　学校教育法第五十四条、第七十条第一項、第八十二条及び第八十四条の規定により行うものを除き、通信による教育に関しては、この章の定めるところによる。

（通信教育の定義）
第五十条　この法律において「通信教育」とは、通信の方法により一定の教育計画の下に、教材、補助教材等を受講者に送付し、これに基き、設問解答、添削指導、質疑応答等を行う教育をいう。

2　通信教育を行う者は、その計画実現のために、必要な指導者を置かなければならない。

（通信教育の認定）
第五十一条　文部科学大臣は、学校又は一般社団法人若しくは一般財団法人の行う通信教育で社会教育上奨励すべきものについて、通信教育の認定（以下「認定」という。）を与えることができる。

2　認定を受けようとする者は、文部科学大臣の定めるところにより、文部科学大臣に申請しなければならない。

3　文部科学大臣が、第一項の規定により、認定を与えようとするときは、あらかじめ、第十三条の政令で定める審議会等に諮問しなければならない。

（認定手数料）

第五十二条　文部科学大臣は、認定を申請する者から実費の範囲内において文部科学省令で定める額の手数料を徴収することができる。ただし、国立学校又は公立学校が行う通信教育に関しては、この限りでない。

第五十三条　削除

（郵便料金の特別取扱）

第五十四条　認定を受けた通信教育に要する郵便料金については、郵便法（昭和二十二年法律第百六十五号）の定めるところにより、特別の取扱を受けるものとする。

（通信教育の廃止）

第五十五条　認定を受けた通信教育を廃止しようとするとき、又はその条件を変更しようとするときは、文部科学大臣の定めるところにより、その許可を受けなければならない。

2　前項の許可に関しては、第五十一条第三項の規定を準用する。

（報告及び措置）

第五十六条　文部科学大臣は、認定を受けた者に対し、必要な報告を求め、又は必要な措置を命ずることができる。

（認定の取消）

第五十七条　認定を受けた者がこの法律若しくはこの法律に基く命令又はこれらに基いてした処分に違反したときは、文部科学大臣は、認定を取り消すことができる。

2　前項の認定の取消に関しては、第五十一条第三項の規定を準用する。

資料　生涯学習関連の法律　239

人権教育及び人権啓発の推進に関する法律

（平成十二年十二月六日法律第百四十七号）

（目的）

第一条　この法律は、人権の尊重の緊要性に関する認識の高まり、社会的身分、門地、人種、信条又は性別による不当な差別の発生等の人権侵害の現状その他人権の擁護に関する内外の情勢にかんがみ、人権教育及び人権啓発に関する施策の推進について、国、地方公共団体及び国民の責務を明らかにするとともに、必要な措置を定め、もって人権の擁護に資することを目的とする。

（定義）

第二条　この法律において、人権教育とは、人権尊重の精神の涵養を目的とする教育活動をいい、人権啓発とは、国民の間に人権尊重の理念を普及させ、及びそれに対する国民の理解を深めることを目的とする広報その他の啓発活動（人権教育を除く。）をいう。

（基本理念）

第三条　国及び地方公共団体が行う人権教育及び人権啓発は、学校、地域、家庭、職域その他の様々な場を通じて、国民が、その発達段階に応じ、人権尊重の理念に対する理解を深め、これを体得することができるよう、多様な機会の提供、効果的な手法の採用、国民の自主性の尊重及び実施機関の中立性の確保を旨として行われなければならない。

（国の責務）

第四条　国は、前条に定める人権教育及び人権啓発の基本理念（以下「基本理念」という。）にのっとり、人権教育及び人権啓発に関する施策を策定し、及び実施する責務を有する。

（地方公共団体の責務）

第五条　地方公共団体は、基本理念にのっとり、国との連携を図りつつ、その地域の実情を踏まえ、人権教育及び人権啓発に関する施策を策定し、及び実施する責務を有する。

（国民の責務）

第六条　国民は、人権尊重の精神の涵養に努めるとともに、人権が尊重される社会の実現に寄与するよう努めなければならない。

（基本計画の策定）

第七条　国は、人権教育及び人権啓発に関する施策の総合的かつ計画的な推進を図るため、人権教育及び人権啓発に関する基本的な計画を策定しなければならない。

（年次報告）

第八条　政府は、毎年、国会に、政府が講じた人権教育及び人権啓発に関する施策についての報告を提出しなければならない。

（財政上の措置）

第九条　国は、人権教育及び人権啓発に関する施策を実施する地方公共団体に対し、当該施策に係る事業の委託その他の方法により、財政上の措置を講ずることができる。

索　引

（注）「生涯学習」、「社会教育」、「学習」の各語については全編に渡って使われているため、定義や範囲について述べている頁のみを「生涯学習とは」、「社会教育とは」、「学習とは」の項目として採録した。

和文索引

あ

アイデンティティ（identity）　76
アウトカム（outcome）　157, 169, 173
　――評価　159, 169
アウトプット（output）　157, 169
　――評価　169, 170
アクティブ・ラーニング　37, 38, 39
新しい学力観　34, 38
アドバイス情報　176-178, 181
アンドラゴジー（andragogy）　77
案内情報　61, 176-179, 181, 184,

い

生きる力　33-35, 38, 211
インクルーシブ　67
インクルーシブ教育　66
インターネット　40, 77, 82, 87, 89, 92, 93,
　175, 178-181, 183, 184, 189
　――大学　40
インプット（input）　157, 169,

う

受け手　175

え

エンパワーメント　205

お

公の施設　47, 94
公の支配　94
送り手　175
おやじの会　207

か

回帰教育　→　リカレント教育
学芸員（・補）　3, 108-112, 121
学社連携・融合　33, 84, 210-212
学習とは　13, 29
学習機会選択援助システム　61
学習機会等提供システム　62
学習技法　185-188
学習希望率　82
学習グループ（・サークル・団体）　15, 27,
　29, 62, 71, 77, 119, 164, 183, 185, 186
学習指導要領　33-38, 53
学習集団の組織化　105
学習情報　55, 175-181, 184, 188
　――（の）提供　59, 61, 77, 132, 133, 135,

175-181, 183-185

——提供システム　179, 188

学習（の）成果（learning outcome）　18, 25, 64, 157, 160, 176, 186, 200

——の（評価・）活用　19, 63, 64, 73, 84, 133, 135, 157, 158, 159, 160-164, 171, 202

——の（評価・）活用支援　24, 73, 159, 161, 165, 166, 171

——の評価　167, 170-173, 193

——の評価の三原則　171

——の評価・（の）認定・認証サービスシステム　62, 64,

学習相談（体制）　61, 77, 132, 134, 135, 176, 179, 183-189, 193

——員　186-189

学習ニーズ　72, 81, 82, 105, 137, 188

学習の仕方　183-185, 188

学習評価　167, 168, 170, 176, 188

学習プログラム　137

学習プロセス　24, 25, 176, 177

学習率　82

学修　38, 39, 43

学級（・）講座　15, 81, 82, 136, 158, 178, 199-201

学校運営協議会　216

学校運営協議会制度　→　コミュニティ・スクール

学校・家庭及び地域住民等の相互の連携協力　45, 46, 55, 63, 212

学校教育　15-17, 27, 29, 32-34, 36, 56, 57, 62, 68, 73, 104, 138, 210-212

——法　28, 32, 35, 41, 45, 47, 48, 57, 73, 108, 154

学校支援　33, 71, 84, 215

——地域本部　204, 212, 213, 215-217

——ボランティア（活動）　211, 212

学士力　38, 39

家庭教育　14-16, 27, 29, 31-33, 45, 46, 62, 71, 73, 77, 82, 133, 158, 162, 164, 206, 211

——学級　32, 208

——支援員　208

——支援基盤構築事業　209

——支援チーム　209

科目等履修制度　40

環境（を）醸成　28, 57

観点別の評価　168

き

規則　45

基本的な生活習慣　29, 30

教育委員会　15, 27, 48, 50-53, 68, 73, 74, 81, 95, 96, 103, 104, 113-116, 134, 197, 201

教育・学習システム　60-63, 65

教育基本法　3, 24, 32, 35, 45-47, 55, 56, 62-64, 159, 171, 200, 205, 206, 212

教育行政　48, 54

教育訓練給付制度　41

教育公務員特例法　103

教育振興基本計画　46

教育と学習の関係　29

共生社会　66, 69

く

クリスプ（crisp） 16
　——概念 17

け

形成的評価 168, 170
限界なき学習（No Limits to Learning：
　Bridging the Human Gap） 19
現代的課題 83, 146, 199
検定事業者による自己評価・情報公開・第
　三者評価ガイドライン 64
検定試験の評価ガイドライン 64
県民カレッジ 58, 59, 62

こ

公共図書館 107, 138, 140, 212
公民館 27, 47, 48, 52-54, 62, 71, 81, 88, 92,
　93, 111, 117-120, 126, 133-137, 139,
　141, 148,
　151, 177, 183, 195, 197, 201, 207, 211,
　212
　——主事 3, 117-120, 138
　——の設置及び運営に関する基準 45,
　117, 118
　——類似施設 81, 136
公立（公共）図書館 107, 109, 138, 196
高齢化率 19, 79
高齢社会対策基本法 48, 49
高齢者教育 79
国立教育政策研究所社会教育実践研究セン
　ター 112
国立（国会）図書館 107, 108, 139
互恵性 198

個人学習 88-90
　——支援 74, 77
個人情報 180
個人内評価 169, 170
個人の需要と社会の要請のバランス 65,
　84
子育て支援 55, 205-207, 209, 210
　——員 208
コーディネーター 203, 214, 216, 217
コーディネート 202, 216, 217
　——機能 215
　——能力 186-188
子ども会 75, 90, 97, 207
子ども・子育て
　——関連三法 206,
　——支援（新）制度 206, 209,
　——本部 209
子どもセンター 76
コミュニティ・スクール（学校運営協議会
　制度） 50, 213, 214

し

事業評価 167, 173
時系列評価 169, 170
自己点検・評価 138, 143
自己評価 25, 168, 170, 173, 188
司書（・司書補） 3, 107, 108, 111, 121, 148
司書講習 107
施設ボランティア 143
施設利用学習 88
事前評価 168, 170
持続可能な開発目標（ＳＤＧｓ） 66
持続可能な社会 19

指定管理者制度　47, 133, 135, 140, 142, 147

指導系職員　121, 123, 124, 148

児童福祉法　48, 75, 76, 206

自発的意思　13, 14, 16, 187

社会化　29, 31

社会教育

　──委員　47, 96, 113-116

　──活動　71, 81, 114, 126

　──関係団体（活動）　27, 47, 74, 90, 94-98, 103, 104, 114, 115, 207, 215

　──行政　28, 48, 52, 56, 57, 71, 82, 103, 113, 116, 198, 199, 201, 202, 204, 205

　──計画　104, 105

　──三法　47, 64

　──士　106

　──事業　71, 79, 84, 98, 113

　──施設　15, 52, 53, 58, 73, 74, 82, 88, 97, 98, 112, 126, 128, 134, 141, 144, 148, 151, 154, 159, 201, 212

　──指導員　3

　──主事　3, 47, 50, 54, 74, 103-106, 108, 111, 121

　──主事講習　105, 106

　──審議会　96

　──審議会答申　87, 97, 125

　──調査　81, 112, 113, 117, 121, 131, 133, 140, 144-146, 148, 151, 153, 199, 201

　──とは（定義や範囲を含む）　27, 28

　──費　54

　──法　28, 45, 47, 56, 57, 63, 64, 71-74, 94-96, 103-105, 113, 115, 117-119, 135,

137, 138, 141, 151, 159, 212, 215

社会人

　──基礎力　39

　──入試　40

社会体育　151

　──施設　154

社会的包摂（ソーシャル・インクルージョン、social inclusion）　66, 84

社会通信教育（団体）　77, 97, 98, 183

　──団体　97

集会学習　89, 90

集合学習　89, 90

集団学習　89-91

主体的・対話的で深い学び　36-39

主体的な学び　38-40

首長部局　15, 27, 48, 50, 52-54, 56, 57, 65, 104, 199, 200, 201

生涯学習

　──活動　13, 177

　──支援　3, 23, 57, 62, 112, 162, 167, 171, 177, 193, 195, 196, 205, 206, 212

　──支援システム　3

　──支援ネットワーク　58, 193-198

　──施設　132, 143

　──社会　3, 14, 60-62, 65, 171, 175

　──審議会　47, 61, 63

　──審議会答申　41, 61, 63, 64, 83, 85, 86, 125, 199, 201, 211

　──振興行政の固有の領域　56

　──推進　23, 24, 56, 60, 65, 69, 112, 131, 165, 167, 187

　──推進行政　3, 47, 50, 52, 53, 55, 57, 179

――推進施策　60, 62, 63, 65, 66

――（推進）センター　48, 58, 59, 62, 67-69, 81, 92, 93, 131-134

――推進本部　52

――政策　3, 50, 83

――とは（定義や範囲を含む）　13-17, 22, 23

――に関する世論調査　82, 85, 91, 181, 200

――の振興のための施策の推進体制等の整備に関する法律（生涯学習振興法）　47, 63, 67, 68

――の捉え方　14

――の理念　3, 24, 45, 55, 56, 62, 64, 159, 171

――パスポート（学習記録票）　62, 172

――力　33, 38

障害を理由とする差別の解消の推進に関する法律（障害者差別解消法）　49

生涯大学システム　58, 59

少子化対策基本法　48

少年教育　75

少年自然の家　91, 144-146

少年法　75

情報　175

――通信技術　→　ＩＣＴ

――の伝達経路の中心（ハブ）　198

――モラル　87

条例　45

職業実践力育成プログラム（ＢＰ：Brush up Program for professional）　41

女性教育　48

――施設　81, 91, 147-151

女性の職業生活における活躍の推進に関する法律（女性活躍推進法）　150

守秘義務　189

人権教育　49

人権教育及び人権啓発の推進に関する法律　48

人工知能　→　ＡＩ

審議会　96, 114, 115

人材バンク　59

診断的評価　168

人物評価排除の原則　172

新・放課後子ども総合プラン　216

す

ステイクホルダー（stakeholder）　203, 217

スポーツ（活動）　15-17, 76, 77, 151-154

スポーツ基本法　151, 152, 154

スポーツ施設　151-154, 183

せ

生活課題　24, 25, 72, 78, 158

政治、宗教、営利からの中立　180, 189

政治的中立性　51

青少年

――教育　48, 75, 114, 121, 124, 146

――教育施設　48, 71, 76, 81, 121, 123, 124, 144, 146-148, 151

――交流の家　76, 144

――自然の家　76, 144

成人教育　77

成人の学習　78, 79, 187

政策評価　167, 173

青年教育　75

青年の家　91, 144, 145
絶対評価　169
全国子どもプラン　63

そ

総括的評価　168, 170
総合教育会議　52
総合教育政策局　50
総合的な学習の時間　34, 38
相対評価　169

た

大学公開講座　40
第三者評価　168
　——のガイドライン　173
確かな学力　34-36, 38
他者による評価　168
男女共同参画　147, 150
　——（型）社会　83, 99, 147-149
　——社会基本法　48, 147
　——（推進）センター　48, 148
団体・グループ（・サークル）（活動）　28,
　74, 126

ち

地域
　——（の）課題　71-73, 84, 100. 104, 105,
　120, 121, 133, 135, 137, 146, 198, 199,
　200-205
　——学校協働　84, 215
　——学校協働活動　50, 74, 120, 215-217
　——学校協働活動推進員　216
　——学校協働活動推進事業　127, 215

　——学校協働本部　215-217
　——教育協議会　213
　——コーディネーター　104, 213
　——づくり　65, 84, 85, 105, 137, 165
　——の教育力（学習関連資源）　63, 72,
　84
　——子育て支援センター　208
地方教育行政の組織及び運営に関する法律
　（地教行法）　48, 51, 52, 214, 216
地方公共団体　95, 96, 109, 138, 141, 144,
　148, 152, 153
地方自治法　47, 48, 53
中央教育審議会　50, 61, 68
　——生涯学習分科会　65, 103
　——答申　14, 16, 17, 22, 36, 38, 39, 53,
　55-57, 60-65, 104, 120, 127, 131, 134,
　170, 215
著作権　87

つ

通信教育　47, 92

て

定性的評価　169
定量的評価　169
デジタルデバイド（情報格差、Digital
　Divide）　86

と

統括的なコーディネーター　104
登録博物館　141, 142
特定非営利活動促進法　99
特定非営利活動法人（ＮＰＯ法人）　98, 99

独任制　113
独立行政法人 国立女性教育会館（ヌエック、NWEC：National Women's Education Center）
　149, 155
独立行政法人 国立青少年教育振興機構
　144
図書館　15, 47, 62, 71, 77, 88, 92, 93, 107, 108, 111, 126, 138-141, 148, 177, 183, 196, 197
　──資料　139
　──の設置及び運営上の望ましい基準
　139, 140
　──奉仕（サービス）　138, 139
　──法　45, 47, 64, 107, 109, 138-141, 159
土曜日の教育活動推進プラン　214

な

内容情報（百科事典的情報）　176, 178, 181, 189

ね

ネットワーク
　──型行政　57
　──診断　197
　──の中心性　198

の

能動的学修　39
ノールズ（Knowles, M.S.）　77

は

博物館　15, 47, 62, 71, 88, 92, 93, 109-112, 126, 139, 141-143, 148, 159, 183, 197, 212
　──資料　110
　──相当施設　109, 142
　──法（施行規則）　47, 64, 109, 112, 141-143, 159
　──類似施設　109, 142

ひ

人づくり　65, 84
ヒューマン・ギャップ（human gap）　20
評価　167
　──からの自由の原則　171
　──独立の原則　171

ふ

ファジィ（fuzzy）　16
　──概念　16, 85
プロセス評価　169
プロボノ　128
文化活動　15-17
文化・スポーツ施設　62

へ

ペダゴジー（pedagogy）　77

ほ

放課後子供教室　127, 214, 216
　──推進事業　214
放課後子ども（総合）プラン　214
放課後児童クラブ（学童保育）　214, 216

放送大学　40, 58, 184

法令　45

ボランティア　84, 112, 123, 125-128, 137,
　　143, 172, 193, 194, 196, 197, 200, 213

　　──活動　15-17, 71, 74, 76, 79, 82-86,
　　99, 120, 125, 127, 128, 161, 162, 204,
　　217

　　──コーディネーター　127

　　──の基本理念　85

　　──・リーダー　125-128

ま

まちづくり　72, 83-85, 105, 125

学び直し　33, 40

ママサークル　207

め

メディアリテラシー　181

メディア利用学習　88

も

問題解決能力　19, 35

文部科学大臣　95, 96, 105, 108, 111

文部科学省　48, 50, 53, 54, 81, 131, 132,
　　147, 148, 199, 206, 209, 211, 212, 214

　　──告示　45

　　──令　106, 115

ゆ

豊かな人間性　34, 35, 83

ユネスコ（ＵＮＥＳＣＯ）　21, 22

ら

ラングラン，ポール（Paul Lengrand）　21,

り

リカレント（recurrent）　41

　　──教育（recurrent education）　22, 33,
　　40, 41, 66

履修証明

　　──書（サーティフィケート、certificate）
　　41

　　──制度　41

　　──プログラム　41, 42

臨時教育審議会　23, 34, 60, 83

れ

レクリエーション（活動）　15-17, 77

レディネス（準備態、readiness）　78

連携・協働　215

ろ

ローマ・クラブ（The Club of Rome）　19

欧文索引

A
ＡＩ　3, 18, 67
　──革命　36

B
ＢＰ（職業実践力育成プログラム、Brush up Program for Professional）　41, 42

C
ＣＳＲ（企業の社会的責任、Corporate Social Responsibility）　200

E
ｅラーニング（・システム）　87, 93, 94, 189, 190

F
ＦＡＱ（Frequently Asked Question）　189

I
ＩＣＴ（情報通信技術、Information and Communication Technology）　67, 86, 93, 175, 178

ＩＴ（Information Technology）　86

N
ＮＰＯ（Non-Profit Organization）　62, 65, 76, 94, 98, 100, 105, 121, 147, 161, 197, 198, 200-202, 205

O
ＯＥＣＤ（経済協力開発機構）　22, 41, 173

P
ＰＤＣＡサイクル　144
ＰＦＩ（民間資本主導、Private Finance Initiative）　143
ＰＴＡ　90, 97, 196, 207, 215

S
ＳＤＧｓ（持続可能な開発目標、Sustainable Development Goals）　66
ＳＮＳ（ソーシャル・ネットワーキング・サービス、Social Networking Service）　181, 207
Society 5.0　41

著者紹介と執筆分担

浅井　経子（あさい　きょうこ）

はじめに、第1章、第2章第1、2節、第3章第3節、第4章、第5章第1節、第8章、第9章第2節担当

八洲学園大学名誉教授

主な著作

『生涯学習支援論―理論と実践―』（共編著）理想社、2020（令和2）年

『社会教育経営論―新たな系の創造を目指して―』（共編著）理想社、2020（令和2）年

『生涯学習の道具箱』（企画編集代表、共編著）一般財団法人社会通信教育協会、2019（平成31）年

『地域をコーディネートする社会教育―新社会教育計画―』（共編著）理想社、2015（平成27）年

『生涯学習支援実践講座　新生涯学習コーディネーター　新支援技法　研修』（社会通信教育テキスト、共企画・著）一般財団法人 社会通信教育協会、2014（平成26）年

『生涯学習支援実践講座　生涯学習コーディネーター研修』（社会通信教育テキスト、共企画・著）一般財団法人 社会通信教育協会、2009（平成21）年

『改訂 社会教育法解説』（共著）日本青年館、2008（平成20）年

『生涯学習〔eソサエティ〕ハンドブック』（共編著）文憲堂、2004（平成16）年

『生涯学習〔自己点検・評価〕ハンドブック』（共編著）文憲堂、2004（平成16）年

伊藤　康志（いとう　やすし）

第2章第3節、第3章第1、2節担当

東京家政大学学長補佐

主な著作

『生涯学習支援論―理論と実践―』（共編著）理想社、2020（令和2）年

『社会教育経営論―新たな系の創造を目指して―』（共著）理想社、2020（令和2）年

『生涯学習支援の道具箱』（共編著）一般財団法人社会通信教育協会、2019（平成31）年

『地域をコーディネートする社会教育―新社会教育計画―』（共著）理想社、2015（平成27）年

『生涯学習〔eソサエティ〕ハンドブック』（共編著）文憲堂、2004（平成16）年

白木　賢信（しらき　たかのぶ）

第3章第4節、第6章第3、6、7節、第7章第5、7節担当
東京家政大学教授
主な著作
『生涯学習支援論―理論と実践―』（共編著）理想社、2020（令和2）年
『社会教育経営論―新たな系の創造を目指して―』（共著）理想社、2020（令和2）年
『生涯学習支援の道具箱』（共著）一般財団法人社会通信教育協会、2019（平成31）年
『野外教育学研究法』（共著）杏林書院、2018（平成30）年
『地域をコーディネートする社会教育―新社会教育計画―』（共著）理想社、2015（平成27）年

佐久間　章（さくま　あきら）

第5章第2、3節、第7章第6節、第9章第1節担当
公益財団法人札幌市生涯学習振興財団理事、前札幌国際大学教授、八洲学園大学非常勤講師
主な著作
『社会教育経営論―新たな系の創造を目指して―』（共著）理想社、2020（令和2）年
『生涯学習支援の道具箱』（分担執筆）一般財団法人社会通信教育協会、2019（平成31）年
『地域をコーディネートする社会教育　―新社会教育計画―』（共著）理想社、2015（平成27）年
『Q＆Aよくわかる社会教育行政の実務』（分担執筆）ぎょうせい、2009（平成21）年

水谷　修（みずたに　おさむ）

第7章第1節、2節、第10章第2節担当
八洲学園大学教授、東北学院大学名誉教授
主な著作
『社会教育経営論―新たな系の創造を目指して―』（共著）理想社、2020（令和2）年
『地域をコーディネートする社会教育―新社会教育計画―』（共著）理想社、2015（平成27）年
『生涯学習論』（共著）文憲堂、2007（平成19）年
『社会教育計画』（共著）文憲堂、2007（平成19）年
『豊かな体験が青少年を支える』（共著）全日本社会教育連合会、2003（平成15）年

著者紹介と執筆分担　253

原　義彦（はら　よしひこ）

第6章第1、4、5節担当

東北学院大学教授

主な著作

『生涯学習支援論―理論と実践―』（共編著）理想社、2020（令和2）年

『社会教育経営論―新たな系の創造を目指して―』（共編著）理想社、2020（令和2）年

『生涯学習支援の道具箱』（共編著）一般財団法人社会通信教育協会、2019（平成31）年

『生涯学習社会と公民館　経営診断による公民館のエンパワーメント』日本評論社、2015（平成27）年

『地域をコーディネートする社会教育―新社会教育計画―』（共編著）理想社、2015（平成27）年

『新訂　生涯学習論』（共著）ぎょうせい、2010（平成22）年

下山　佳那子（しもやま　かなこ）

第6章第2節、第7章第3節担当

八洲学園大学准教授

主な著作

『生涯学習支援論―理論と実践―』（共著）理想社、2020（令和2）年

『図書館概論』（共著）三和印刷社、2018（平成30）年

桑村　佐和子（くわむら　さわこ）

第10章第1節担当

金沢美術工芸大学教授

主な著作

『社会教育経営論―新たな系の創造を目指して―』（共著）理想社、2020（令和2）年

『地域をコーディネートする社会教育―新社会教育計画―』（共著）理想社、2015（平成27）年

『社会教育計画』（共著）文憲堂、2007（平成19）年

『市町村における生涯学習援助システムの研究―構造と行動の関係解明―』風間書房、1996（平成8）年

松永　由弥子（まつなが　ゆみこ）

第10章第3、4節担当

静岡産業大学教授

主な著作

『地域をコーディネートする社会教育―新社会教育計画―』（共著）理想社、2015（平成27）年

「地域による学校支援のあり方に関する研究」（共著）『日本生涯教育学会論集』32所収、2011（平成2）年

「学校支援地域本部事業をめぐる現状と課題（Ⅰ）〜中学校教員の意識調査から〜」『静岡産業大学情報学部研究紀要』第12号所収、2010（平成22）年

「学習継続性の観点からみた家庭教育に関する学習支援の検討〜静岡県の場合を例に〜」『静岡産業大学情報学部研究紀要』第11号所収、2009（平成21）年

生涯学習概論―生涯学習社会の展望―　新版

2010年 9 月20日　第 1 版第 1 刷発行
2013年 4 月 1 日　増補改訂版第 1 刷発行
2019年10月15日　新版第 1 刷発行
2025年 4 月 1 日　新版第 4 刷発行

編 著 者　浅 井 経 子

発 行 者　宮 本 純 男

〒270-2231 千葉県松戸市稔台2-58-2
発 行 所　株式会社 理 想 社
TEL　047（366）8003
FAX　047（360）7301

ISBN978-4-650-01012-1 C3037　　製作協力　モリモト印刷